FELIX STURM
STEFAN BECKER

FITNESS-BOXEN MIT FELIX STURM

MEIN POWER-PROGRAMM FÜR KRAFT UND AUSDAUER

INHALT

DAS VORWORT Seite 4

MEIN WEG NACH OBEN Seite 6

MEINE TRAINER Seite 14

FASZINATION BOXEN

FITNESS-BOXEN Seite 18

TRAINING TO GO Seite 25

DIE HARDWARE Seite 33

IHRE BOXPROGRAMME

PROGRAMM 1
ROOKIE   Seite 40

PROGRAMM 2
WINNER   Seite 80

PROGRAMM 3
CHAMP   Seite 126

NÜTZLICHES
IM NETZ   Seite 172

REGISTER   Seite 174
IMPRESSUM   Seite 175

DAS VORWORT

Boxen – Spiegel des Lebens

Mein Name ist Felix. Felix Sturm. Und hiermit begrüße ich Sie im Fitnessboxclub der großen Herzen. Nur dieses große Herz müssen Sie mitbringen, alles andere zeige ich Ihnen in zwölf Runden. Denn ich nehme Sie an die Hand und verspreche Ihnen, dass Sie in drei Monaten ein toptrainierter Fitnessboxer sein werden!

Das Geniale am Fitnessboxen: Jeder lernt es sofort und lernt sich dabei richtig kennen. Denn Fitnessboxen fördert viele Tugenden zutage und forciert sie – wie Geduld und gesunde Härte gegen sich selbst, Ausdauer und den Willen zum Erfolg. Es lehrt aber auch den Umgang mit Niederlagen und Schmerz, es hilft in dunklen Stunden und durch traurige Phasen des Lebens. Denn es spendet unglaublich viel Kraft, körperlich und geistig. Ich weiß, wovon ich rede: Zweimal habe ich meinen Weltmeistertitel im Mittelgewicht verloren – einmal aus Leichtsinn und das andere Mal wegen eines umstrittenen Urteils. Doch da hilft kein Lamentieren, sondern nur wieder aufstehen und angreifen. Den Weltmeistertitel holte ich mir zurück und alles läuft wieder optimal.

Doch für die Zeiten, in denen es mir nicht so gut geht, in denen es nicht so klappt, habe ich ein einfaches Rezept, das aber immer wirkt: mein tägliches Training. Der Sport hilft mir auch in schwierigen Zeiten meines Lebens und verwandelte Sorgen oder Schmerz in neue Energie. Ich garantiere Ihnen, ein paar Runden Fitnessboxen machen den Kopf frei!

Vielleicht fragen Sie sich, wieso ich Sie zu Beginn dieses munteren Trainingsbuches mit einem so düsteren Thema konfrontiere. Weil Sie sich auch als Fitnessboxer jeder Realität stellen müssen. Das ist mir sehr wichtig: Boxen birgt große Risiken und erfordert Mut. Das normale Leben aber verlangt nicht weniger Mut. Boxer brauchen einen klaren Kopf, sie haben keine Zeit zum Zweifeln oder Zaudern; im Ring zählen nur Konzentration und Können. Wie im richtigen Leben, denn Boxen spiegelt das Leben wider, Boxen ist Tragödie oder Komödie in zwölf Runden – das hängt von den Akteuren ab –, manchmal großes Drama, manchmal eine Farce. Nie langweilig. Wie dieses Buch. Fit von der ersten Sekunde an! So muss ich in den Ring steigen, wenn es ernst wird, sonst habe ich keine Chance. Das ist in jeder Vorbereitung das Ziel, und mit diesem Buch werden Sie daran teilhaben. Egal, wie Sie sich im Moment fühlen, zu dick oder zu dünn, zu müde oder überdreht, glücklich oder gestresst – lehnen Sie sich zurück und atmen Sie tief durch. Ihr erster kleiner Schritt wird ein gewaltiger sein für Ihre Zukunft: Ich zeige Ihnen ein neues Trainingskonzept für Ihre körperliche und mentale Kraft und Ausdauer. Meine Fitness soll Ihre Fitness sein. Dafür haben wir uns zwischen den Titelkämpfen hingesetzt und drei maßgeschneiderte Programme für Sie entwickelt: Mein Konditionscoach Clive Salz formt ab heute auch Ihre Kraft, Ihre Ausdauer und plant Ihre Ernährung, mein Boxtrainer Michael Timm koordiniert Ihre ersten Schläge, die er auch mit mir immer wieder trainiert.

Tragen Sie es mit Fassung, dass sich in den nächsten Wochen Ihr Körper ein wenig verändern wird. Manche sagen, Boxen sei das beste und einzig wahre Bodybuilding überhaupt. Bilden Sie sich ein eigenes Urteil und spüren Sie die Faszination des Fitnessboxens – es macht fit wie kaum ein anderer Sport!

Ihr Felix Sturm

MEIN WEG
NACH OBEN

100 % Boxer

Talent schadet nicht, doch Talent ist lange nicht alles. Denn aus vielen großen Talenten ist am Ende nichts geworden, weil ihnen einfach ein paar Tugenden und besondere Eigenschaften fehlten. Klingt hart oder streng, ist aber so. Natürlich gibt es auch die, die mit dem goldenen Löffel im Mund geboren wurden – zu denen gehöre ich aber bestimmt nicht. Ich bin in Leverkusen aufgewachsen, in einer Arbeitersiedlung mit Mittelklasseambitionen, netten Gärten und freundlichen Nachbarn. Natürlich konnte auch in unserem Viertel in den 1990er-Jahren ein wenig Credibility den nötigen Respekt verschaffen, doch deswegen bin ich nicht zum Boxen gegangen. Das hatte wirklich rein sportlichen Charakter. Ich fand das einfach gut und ich hatte wohl auch Talent. Vielleicht war es ein klein wenig so wie damals bei Ali, der als Junge zum Boxen ging, weil er Spaß daran hatte und gefördert wurde.

In der strengen Schule der Amateure habe ich neben dem soliden Handwerk des Boxens auch den Ernst des Lebens gelernt; das begann gleich beim ersten Training, als mich mein zukünftiger Trainer mit einem Springseil in die Ecke stellte und mich machen ließ. Ich fand das ziemlich bescheuert und habe mich die ganze Zeit gefragt, während ich mit der Strippe wirklich auf Kriegsfuß stand, was das wohl soll. Und wäre ich nicht erst elf Jahre alt gewesen, ich hätte das Seil bestimmt in die Ecke geknallt und mich diskriminiert gefühlt, denn alle anderen machten echtes Boxtraining, boxten in die Luft oder boxten auf die baumelnden Sandsäcke und hatten wirklich Spaß.

Aber ich habe den Mund gehalten und mich mit dem Seil bemüht, und das hat der Trainer die ganze Zeit beobachtet, immer schön aus den Augenwinkeln, ohne seinen Blick von den anderen Kindern abzuwenden. Ein 100-prozentiger Boxer eben, aber das konnte ich damals noch nicht wissen. Jetzt bin ich selbst seit ein paar Jahren 100-prozentiger Boxer und Weltmeister noch dazu und habe dabei viel gelernt. Über mich, über den Sport, über das Business dahinter, über das Leben: Du kannst nur dein Bestes geben – ob das dann reicht, das liegt oft nicht mehr in deiner Hand. Aber sein Bestes geben, es wenigstens immer zu versuchen – das sollte jeder!

Für mich gibt es nur zwei wirklich wichtige Regeln, als Boxer und als Mensch: Wenn ich am Boden liege, dann muss ich wieder aufstehen, und wenn ein anderer am Boden liegt, dann muss ich ihm auf die Beine helfen. Ich lag schon ein paar Mal am Boden und weiß ganz gut, wovon ich rede. Doch auch wenn diese Niederlagen im ersten Moment wehtun – für die Entwicklung der Persönlichkeit sind sie beinahe existenziell, und ich möchte sie heute nicht mehr missen: Niederlagen sind die Lehrmeister des Lebens.

Beim Boxen ist es nicht anders, es sind zwölf Runden, in denen alles getan werden muss, und es kommt auf den Boxer an, wie er mit der Situation umgeht, die sich ständig ändert. Dabei sprechen die Fäuste, doch sind sie nur Mittel zum Zweck, das Duell zu entscheiden. Der eigentliche Kampf findet im Kopf statt, und für diesen Kampf braucht ein Boxer eine Menge Tugenden und besondere Eigenschaften. Von denen will ich Ihnen erzählen in einem Zwölf-Runden-Kampf. Natürlich habe ich diese Tugenden und besonderen Eigenschaften nicht für mich gepachtet, das wäre vermessen, doch sie kreuzen immer wieder meinen Weg. Und weil nach dem Kampf wieder vor dem Kampf ist, können auch Sie jeden Tag neu beginnen und ein anderer werden. Wichtig ist nur, dass diese Tugenden und besonderen Eigenschaften auch Ihnen dabei helfen, wenn Sie sich fair durchs Leben boxen – und natürlich durchs Training.

Runde 1 – Geduld

Du hast einen Traum, und auf dem Weg dorthin wartet viel, viel Arbeit: Ein Aufbaugegner folgt dem nächsten, du verdienst dein Geld, und manchmal rückt das Ziel in weite Ferne, doch du darfst es nie aus den Augen verlieren, egal, was passiert. Das ist meine Motivation, das Ziel – und daran hat sich bis heute nichts geändert. Dabei habe ich ziemlich früh gelernt, dass ohne Geduld gar nichts geht. Das bedeutet nicht, die Chancen zu verpassen, sondern den richtigen Moment abzupassen und dann zuzuschlagen. Wie im Ring.

Runde 2 – Mut

Meine Chance auf den WM-Titel im Kampf gegen den Argentinier Hector J. Velazco in Berlin am 13. September 2003 war mehr ein Zufall: Ich sprang ein für meinen Stallgefährten Bert Schenk, war der krasse Außenseiter – und habe tatsächlich gewonnen, knapp nach Punkten, aber egal: Weltmeister! Es gibt nicht viele solcher Momente im Leben, und wenn es so weit ist, dann sollte man zupacken. Den Mut muss man mitbringen, auch wenn die Knie zittern und das Herz hämmert. In unserem Business kann es einen natürlich den Kopf kosten, wenn man alles auf eine Karte setzt – man darf den Kopf eben nicht verlieren. Denn das ist Boxen, meine Profession und meine Passion.

Runde 3 – Wille

»Der Gürtel gehört mir« – mit dieser Überzeugung trat ich zur ersten Titelverteidigung an, und so liegt auch es in Ihrer Hand, Ihre Träume zu verwirklichen. Ich hatte immer den Wunsch und den Willen, Weltmeister zu werden, und hatte auch in meiner ersten Titelverteidigung am 20. Dezember 2003 in Kiel gegen den Spanier Ruben V. Fernandez die feste Absicht, den Gürtel zu behalten. Diesmal war ich in einer völlig neuen Rolle. Zwar habe ich meinen Titel auch als Amateur oft genug verteidigt, doch bei den Profis ist es ganz anders. Als Amateur reiste ich zum jährlichen Turnier und hatte alle Möglichkeiten. Als Profi boxt du dich die Rangliste hinauf, und das kann dauern. Das hatte Ruben Fernandez hinter sich und wollte jetzt den Titel. Doch mein Wille, ihn noch eine Weile zu behalten, war einfach stärker – mit Erfolg!

Runde 4 – Härte

Der US-Amerikaner Oscar de la Hoya, mehrfacher Weltmeister – die lebende Legende! Gegen ihn trat ich am 5. Juni 2004 in Las Vegas an. US-Kommentator Larry Merchant hat es damals auf den Punkt gebracht, mir selbst fehlten einfach die Worte, platt vom enorm anstrengenden Kampf und etwas irritiert vom Urteil: »Es war ein Heimspiel für de la Hoya. Wahrscheinlich hätte Sturm ihn K.o. schlagen müssen, um ein Unentschieden zu bekommen.« Das umstrittene Urteil der Kampfrichter gegen mich war die absolute Härte, und plötzlich sah ich mich mit der unliebsamen Realität konfrontiert: Der Titel war weg. Ich hatte mich intensiv auf den Kampf vorbereitet, und die meisten hatten mich vorn gesehen, auf den Punktzetteln, aber so ist das Leben im Profiboxen. In so einer Situation hilft kein Lamentieren und schnell gewann die alte Boxerweisheit, die ich noch aus Leverkusener Zeiten kannte, wieder die Oberhand: »Gelobt sei, was hart macht!« Ich stieg wieder in den Ring und legte richtig los.

Runde 5 – Hoffnung

Leverkusen, 5. März 2005: Bert Schenk versus Felix Sturm. Dem Sieger des deutschen Duells winkte ein WM-Fight gegen den US-Amerikaner Bernard Hopkins, der die WM-Titel der vier großen Weltverbände auf sich vereinte. Ich wollte den US-Champ natürlich herausfordern. Bert hätte mich daran hindern können, doch es sollte schließlich mein alter US-amerikanischer Olympiakontrahent Jermain Taylor im Juli 2005 sein, der Hopkins besiegen würde. Leverkusen war mein Heimspiel, und nach zwei Runden war es durch K. o. schon wieder vorbei. Schade für Bert, der danach aufhörte; gut für mich, denn ich konnte wieder einen Titel anvisieren.

Runde 6 – Vernunft

11. März 2006 in Hamburg: Ich trete gegen den Weltmeister Maselino Masoe aus Neuseeland an – und gewinne! Endlich wieder Weltmeister! Aber der Jubel fällt verhalten aus, manche im Publikum pfeifen sogar – kurios. Weil ich in den letzten Runden des Kampfes recht reserviert geboxt habe. Ich hatte dabei keine Angst vor Masoe, denn Angst hat im Ring nichts verloren, und den Kampf hatte ich nach Punkten deutlich gewonnen. Ich wollte nur jede Unachtsamkeit meinerseits vermeiden. Einen dummen Schlag zu kassieren – denn das war die einzige Möglichkeit des Titelverteidigers, vielleicht doch noch zu siegen. Mit dem legendären Lucky Punch. Vor dem brachte ich mich durch genügend Distanz in Sicherheit, das war reine Vorsicht und eigentlich völlig vernünftig. Die Freude in mir war einfach zu groß. Ich wusste, dass ich wieder ganz oben war, tat das Nötigste, und wie beim Fußball wartete ich eigentlich nur noch auf den Abpfiff. Das quittierten einige Zuschauer mit dem Auspfiff. Das wollte ich beim nächsten Auftritt unbedingt vermeiden und blendete die Vernunft für ein paar Runden aus, was mir nicht wirklich gut bekam.

Runde 7 – Risikobereitschaft

Was für ein Kampf gegen den Spanier Javier Castillejo am 15. Juli 2006 in Hamburg! Meine erste erneute Pflichtverteidigung, und ich habe sie so richtig vermasselt. Ich bin aufs Ganze gegangen, wild entschlossen, mich als jemand zu präsentieren, der ich eigentlich gar nicht bin: ein Puncher, der stur nach vorn geht. Ich bin ein Boxer, aber das hatte ich verdrängt, ich wollte nicht den klugen Sieg, sondern den spektakulären, und das ging mächtig daneben. Die Moral von der Geschichte: Du bist der, der du bist – mach daraus das Beste! Ich bin ein Techniker, ich bin schnell und ich bin variabel, ich kann auch im Rückwärtsgang kontern und finde immer eine Lücke. Aber zunächst einmal war ich den Titel wieder los. Ich weiß nicht, wie die Wetten damals standen, ob mich die Leute weiter auf dem Zettel oder schon abgeschrieben hatten. Doch im Nachhinein war diese Niederlage für meine Entwicklung von unschätzbarem Wert – sie hat mich noch stärker gemacht.

Runde 8 – Selbstvertrauen

Gegen den Australier Gavin Topp am 2. Dezember 2006 in Berlin musste ich gewinnen und dabei vor allem testen, wie viel die Trainingsmaßnahmen gegen meine Schwachstellen gebracht hatten. Denn im Kampf gegen Castillejo ging ich nicht mit dem nötigen Ernst in den Ring, was sich rächte: Ich verlor und das ist nicht unbedingt gut fürs Selbstvertrauen. Das aber braucht man im Ring, eine ganz gehörige Portion davon, und damit es wirklich stabil bleibt, muss man eben daran arbeiten. Es bringt wenig, sich nur auf seine Stärken zu verlassen, das verleitet eher zur Überheblichkeit. Wer aber seine Schwächen minimiert, lässt dem Zweifel keine Chance, und Vertrauen ins eigene Können schenkt Ruhe und Gelassenheit. Und es hat im Kampf auch gewirkt!

Runde 9 – Stärke

Revanche gegen Javier Castillejo am 28. April 2007 in Oberhausen. Ein Rückkampf ist etwas ganz Besonderes: Viele der sogenannten Experten hatten mich nach meinem K.o. im ersten Castillejo-Kampf schon abgeschrieben und bezweifelt, dass ich zu alter Stärke zurückfinde, weil so ein K.o. im Kopf hängen bleibt. Doch dieses pauschale Urteil hat mich erst richtig heiß gemacht – und ich konnte den Leuten beweisen, dass es mir absolut kein Problem bereitete, meine Strategie umzusetzen.

Du stehst dann deinem Bezwinger gegenüber und darfst dich auf keinen Fall von negativen Gefühlen leiten lassen. Das Geschehen lässt sich wunderbar in der Vorbereitung besprechen, psychologisch aufarbeiten und dann vergessen. Doch wenn du im Ring stehst, und die Bilder kommen zurück – wie der Ringrichter den Kampf abgebrochen hat, die enttäuschten Gesichter in der Ecke, die Pfiffe aus dem Publikum –, dann muss man stark sein im Ring und darf sich zu keinen Dummheiten hinreißen lassen.

In der Zeit bis zu diesem Rückkampf bin ich stärker geworden, mental und körperlich. Und an dem Abend war ich richtig gut – Castillejo war auch gut, aber ich war besser und wieder Weltmeister. Lektion gelernt.

Runde 10 – Kondition

Halle/Westfalen, 5. Juli 2008: Wieder ein Rückkampf, doch diesmal unter anderen Vorzeichen, denn das Unentschieden gegen den US-Amerikaner Randy Griffin im ersten Kampf im Oktober 2007 war ein Witz. Für mich stand sofort nach dem Kampf fest, dass ich gegen Griffin wieder antreten werde, denn ich bin Perfektionist. Wenn mir die Punktrichter nicht zusprechen, was mir zusteht, würde ich eben noch eindrucksvoller zeigen, was ich kann. In der Vorbereitung haben wir das Training dann wieder ein wenig umgestellt, und unsere Strategie für den Kampf war auf noch mehr Druck und Geschwindigkeit ausgelegt. Schon im ersten Kampf konnte Griffin mein Tempo im letzten Drittel nicht mehr mitgehen, und diesmal wollten wir dieses Pensum noch erhöhen. Und das haben wir dann auch gemacht, er hatte keine Chance ...

Runde 11 – Respekt

Oberhausen, 1. November 2008 – das erste deutsch-deutsche WM-Duell seit rund acht Jahren. Vor dem Kampf hatten Sebastian Sylvester und seine Crew wirklich alles versucht, um mich zu nerven, und dabei deutlich unter die Gürtellinie gezielt. Sie zollten mir dabei nicht besonders viel Respekt, was mir im Grunde aber egal war.

Ich bin Boxprofi und weiß, mit solchen Situationen umzugehen. Ich habe großen Respekt vor allen meinen Gegnern, natürlich auch vor Sylvester, denn auch ein in seinen Mitteln limitierter Boxer kann ein gefährlicher Gegner sein. Die Frage ist dann, was er daraus macht – ein Titelkampf ist nicht mit den Kämpfen zu vergleichen, die einen so weit bringen. Im Titelkampf fällt es vor allem dem Herausforderer immer leichter, ans Limit zu gehen, weil er von einer Euphorie getragen wird, die ihn manchmal über das Maß der eigenen Fähigkeiten hinauswachsen lässt.

Nach dem Kampf hatte ich noch mehr Respekt vor Sylvester, weil er so viel eingesteckt und nicht kapituliert hat. Dazu braucht es Herz. Es war ein großer Kampf, und dazu gehören immer zwei Boxer. Am Schluss war er der Verlierer und hat auch respektiert, dass ich der Champion bin.

Runde 12 –
Hunger nach mehr

Weltmeister werden ist die eine Sache – Weltmeister bleiben die wirkliche Herausforderung, die einen wahren Champion ausmacht. Seit fast drei Jahren verteidige ich meinen Weltmeistertitel, das ist keine leichte Sache. Wenn ich drei Kämpfe im Jahr bestreite, bedeutet das drei mal zwölf Wochen intensivste Vorbereitung. Doch ich ziehe das durch, ich bin noch lange nicht angekommen: Ich möchte alle Gürtel im Mittelgewicht, gegen die besten Boxer der Welt angetreten sein und schließlich als Champ irgendwann mal zurücktreten. Die meisten Boxer träumen davon, Weltmeister zu sein – mir reicht das nicht. Ich möchte zu den Besten der Besten gehören. Ich spüre, dass ich mein Potenzial noch nicht abgerufen habe. Es gibt immer einen neuen Gegner, immer die Chance auf einen Sieg, aber auch immer die Möglichkeit, geschlagen zu werden. Mit dieser Gewissheit leben wir von Kampf zu Kampf, und dagegen hilft nichts als eine kontinuierliche Weiterentwicklung seiner Fähigkeiten, ein gesundes Selbstbewusstsein und der Glaube an die eigene Stärke.

MEINE TRAINER

Michael Timm & Clive Salz

Michael Timm, mein Boxtrainer, trainiert Boxer seit 22 Jahren, und das merkt man sofort, wenn man es mit ihm zu tun bekommt. Denn er weiß einen sofort einzuschätzen. Weil er selbst erfolgreich als Amateur geboxt hat: Mit 17 war er Jugendmeister, mit 18 Juniorenmeister, mit 22 dann Europameister – und Schluss. Denn die DDR erlaubte seinerzeit kein Profiboxen, und so kletterte Michael mit 24 Jahren auf die andere Seite der Seile und lernte den Job des Trainers. Den lernte er ganz gewissenhaft wiederum von seinem Trainer, und das war kein Geringerer als Fritz Sdunek. Das war die harte Schule beim SC Traktor Schwerin. Michael blieb nach der Wende noch etliche Jahre beruflich in seiner Heimat Mecklenburg-Vorpommern, wo er noch heute lebt. 1997 war es dann so weit: Timm folgte seinem Meister und Mentor nach Hamburg zu den Profis des Boxstalls von Universum. Dort war der »alte Fritz« voll und ganz mit seinen Weltmeistern beschäftigt und brauchte dringend den Mann seines Vertrauens. Nach einigem Zögern machte sich Timm auf in die Hansestadt mit vielen Ideen im Gepäck. Seit 2000 kümmert er sich auch um mich, und dafür bin ihm sehr dankbar. Denn er kennt alle Tricks und Kniffe im Ring – und seinem Blick entgeht nichts. Vor allem nicht, was in den drei Minuten im Ring passiert. Ihm bleiben 60 Sekunden, um den Boxer daran zu erinnern, was verabredet war oder wie es weitergeht. Das ist wirklich die größte Leistung eines Trainers: In der Extremsituation des Kampfes ruhig zu bleiben und klare Ansagen zu machen – und genau das kann Michael Timm!

Clive Salz, mein Konditionstrainer und Ernährungsberater, ist Wissenschaftler durch und durch. Als Diplom-Fitnessökonom ist Clive neben seiner Trainertätigkeit als Dozent für Ernährungs- und Trainingswissenschaften an der Deutschen Hochschule für Prävention und Gesundheitsmanagement sowie der BSA Akademie tätig.

Im Gebäudekomplex der Hochschule in Köln residiert zudem das »PLUS ONE Institut« meines Managers Roland Bebak, in dem Clive den Fachbereich Ernährung sowie das Leistungszentrum für Sportler leitet. Dort betreibt er weiter Wissenschaft im Dienst des Leistungssports, doch diesmal liegt der Schwerpunkt auf der Forschung. So hat das Team um Clive in den vergangenen zehn Jahren eine tolle Software entwickelt, die es ermöglicht, für wirklich jeden Sportler das passende Nährstoffverhältnis nach aktuellem Bedarf zu komponieren.

Das »PLUS ONE Institut« ist schon seit Jahren Anlaufziel zahlreicher Spitzensportler aus ganz Deutschland. Nach einer ausführlichen Leistungsdiagnostik und entsprechenden Blut-, Haar- und Urinanalysen werden hier individuelle Ernährungs- und Trainingspläne konzipiert. Wer das zum ersten Mal erlebt, ist nach zwölf Wochen entspannter, konzentrierter, fitter – einfach besser. Auf diesem Grundkonzept basiert mein Buch, es macht Sie zu Ihrem eigenen Gesundheitsmanager.

Dass Clive ein so gewaltiges Wissen der Materie hat, liegt auch an seiner eigenen Karriere als Leistungssportler: Im Krafttraining schaffte er es bis zum Weltmeister, und das macht ihn für mich so authentisch: Er weiß, wovon er spricht, weil er all das, was er mir abverlangt, selbst gelebt hat.

NATION BOXEN

FITNESS-BOXEN

Rundum in Form kommen

Fitnessboxen ist der Sport der kleinen Schritte, denn alles baut aufeinander auf und will solide gelernt sein. Der Zeitgeist macht allerdings gern einen weiten Bogen um komplexe und komplizierte Bewegungen. Schnell soll es gehen, simpel soll es sein und auf Anhieb funktionieren. Da haben wir das Dilemma, die Diskrepanz zwischen Fitness und Sport! Doch mit diesem Fitnessboxbuch schaffen wir den Spagat zwischen der reinen Lehre des klassischen Boxens und dessen Benefits auf der einen Seite und Ihrer Fitness und Ihrem Alltag auf der anderen Seite. Nicht immer werden Sie die nötige Zeit haben, und manchmal wird Ihnen der Elan fehlen, das ist mir schon völlig klar. Oft geht es mir genauso – obwohl ich mit Boxen mein Geld verdiene. Wenn mich mal mein innerer Schweinehund vom Trainieren abhalten will, erinnere ich immer an meine großen Ziele: den nächsten Kampf zu gewinnen, meinen Titel zu verteidigen, alle Gürtel meiner Gewichtsklasse zu vereinen.

Das Ziel vor Augen

Denken auch Sie immer an Ihr Ziel: Was wollten Sie gleich wieder erreichen, warum tun Sie sich das Training an und lümmeln nicht auf der Couch? Richtig: Sie wünschen sich eine ganzheitliche und nachhaltige Fitness – fit werden, sein und bleiben. So einfach ist das – und auch so schwer.

Denn immer wieder gibt es vermeintliche Gründe, die das Training verhindern, den Rhythmus unterbrechen und das Ziel in weite Ferne rücken oder gar vergessen lassen. Aber keine Sorge: Aus dem Blick werden Sie es nie verlieren, denn zusammen werden wir eine Strategie entwickeln, die das verhindert.

Doch am Anfang und am Ende steht Ihr Ziel, denn es wird immer die Basis Ihrer Motivation sein. Den genauen Handlungsplan zeige ich Ihnen dann in den einzelnen Programmen.

Wohltat für Körper und Kopf

Fitnessboxen wird Sie körperlich fordern und geistig erfrischen, das ist der Deal. Mit Beginn des Trainings werden Sie sich gleich besser fühlen, dagegen können Sie sich gar nicht wehren. Wenn der Körper seine Hormone freilässt, sind Sie auf eine angenehme Art ziemlich machtlos. Fitnessboxen setzt von Anfang an auf eine gewisse Intensität, was Sie verstehen werden: Ohne Schwung schwingt kein Springseil dieser Welt, und ohne Wucht macht das Schlagen keinen Spaß. Die Energie, die Sie dabei freisetzen, die geht natürlich nicht verloren, wie wir alle in der Schule gelernt haben. Sie wird umgewandelt und liefert dem Körper beispielsweise über das Hormonsystem Stoffe, die den Stress killen.

Kampf dem Stress!

Fitnessboxen wirkt als mentaler Ausgleich zum Arbeitsalltag. Stress kennt jeder, und Stress muss auch sein, doch sollte der positive überwiegen. Viele Zeitgenossen aber fressen förmlich alles in sich hinein, stauen Frust an, bauen Blockaden auf und fühlen sich oft bleischwer. Das ist die mit Abstand ungesündeste Methode, um mit Druck oder Ärger umzugehen, und da kommt das Fitnessboxen gerade richtig. Sie können sich hier austoben, Ihr neuer Sport funktioniert wie ein geniales Ventil, das praktisch auf jede Art von Überdruck oder Unterdruck die richtige Antwort weiß. Denn kein Tag gleicht dem anderen, jeder Tag ist eine neue Chance und Herausforderung, Sie müssen reagieren und können auch agieren, die Initiative liegt immer in Ihren Händen. Wirklich immer, denken Sie mal darüber nach.

Von Rookies, Winnern und Champs

Damit Sie maximale Freude beim Training erleben, haben wir uns ein spezielles System überlegt und komplexe Workouteinheiten kreiert, die in drei Programme aufgeteilt sind. Sie heißen ROOKIE (ab Seite 41), WINNER (ab Seite 81) und CHAMP (ab Seite 127). Jedes Programm umfasst vier Runden, denn Sie sind hier beim Boxen, und diese Runden haben alle einen eigenen Charakter: So gehören die Runden 1 bis 4 dem ROOKIE, 5 bis 8 widmen sich dem WINNER, und die letzten vier Runden, 9 bis 12, sind dem CHAMP vorbehalten.
Die vier Runden eines Programms sehen so aus: Erst kommen natürlich die Workouts, schließlich möchten Sie trainieren, und das geht richtig zur Sache: Jedes Workout startet mit einem Warm-up, dem sich ein Zirkeltraining anschließt mit boxspezifischen Kraft- und Ausdauerübungen, darauf folgt die Schlagschule, dann ein leichtes Schattenboxen, und am Ende wartet ein kleines Cool-down.

Stärke und Ausdauer

Da unser Fokus fürs Fitnessboxen auf dem Konditionsworkout liegt, machen Sie genau die Übungen, die ich auch trainiere, wenn ich mit der Vorbereitung auf einen Kampf starte. Diese Übungen machen mich stark und ausdauernd. Die Muskeln müssen schnell bleiben, und die Beweglichkeit darf nicht leiden. Deshalb arbeiten Sie auch mit relativ leichten Hanteln, denn zum Erreichen einer hohen Intensität bedarf es nicht immer hoher Gewichte. Zwar muss ich in manchen Trainingseinheiten auch schwere Lasten stemmen, Ihr Training orientiert sich jedoch an der Zeit als limitierender Faktor, und weil mein Coach Clive Salz oftmals mit der Stoppuhr arbeitet, basieren die Workouts auf einem 30-Sekunden-Rhythmus.

ROOKIE	WINNER	CHAMP
Runde 1 Boxfitness	Runde 5 Boxfitness	Runde 9 Boxfitness
Runde 2 Ernährung	Runde 6 Ernährung	Runde 10 Ernährung
Runde 3 Regeneration	Runde 7 Regeneration	Runde 11 Regeneration
Runde 4 Psyche	Runde 8 Psyche	Runde 12 Psyche

Vier Minuten sind das Ziel

Beginnen wir beim ROOKIE: In der leichten Variante dauert jede der sechs Komplexübungen genau 30 Sekunden. In der zweiten Stufe wird die Übung schwerer, und die Zeit beträgt 60 Sekunden, im dritten und letzten Level wird die Übung noch anstrengender und dauert 90 Sekunden.

Natürlich arbeiten auch die Programme WINNER und CHAMP mit so einer Trainingsmatrix; die Übungen verändern sich, andere kommen hinzu, und auch die Übungszeiten verlängern sich stetig – bis auf 240 Sekunden. Die Profiboxrunde im Ring endet nach drei Minuten durch den Gongschlag, doch die Fitnessphilosophie von Clive Salz und Michael Timm fordert im Training die letzte, die vierte Minute.

Diese vierte Minute hat es in sich, sie treibt einen ständig in Grenzbereiche, und da muss ich mich auskennen. Wohlfühlen wäre wohl ein wenig viel verlangt, aber im Ring gibt es immer wieder Situationen, wo ich am Rand der Erschöpfung spontan entscheiden muss, wie es weitergeht, damit ich gewinne. Oder zumindest die Runde nicht verliere. So simulieren wir Stress für den Ernstfall, damit ich Lösungen parat habe, reagieren kann und flexibel bleibe. Vor allem im Kopf. Und in der kurzen Pause von 60 Sekunden ist dann meist wieder alles gut bis zur nächsten Runde – in Ihrem Fall bis zur nächsten Übung. Doch die Kraft und die Luft für die vierte Minute, das ist der Clou, und ich würde mich riesig freuen, wenn Sie so weit kommen und das Gefühl mit mir teilen. Es besteht ja kein Grund zur Eile. Meine Vorbereitung dauert immerhin zehn bis zwölf Wochen, und davon erzähle ich Ihnen dann mehr im Kapitel CHAMP.

Mens sana in corpore sano

Wie Sie sehen, sind die Workoutrunden der Programme sehr opulent und actiongeladen. Entsprechend ruhiger und auch ein wenig theoretischer geht es in den jeweils verbleibenden drei Runden zu. Dort erfahren Sie einiges über Ernährung, Regeneration und die liebe Psyche – wenn diese drei Komponenten nicht stimmen, bleibt auch das cleverste Workout annähernd wirkungslos. Und es wäre doch wirklich schade, wegen solcher Lappalien alles aufs Spiel zu setzen. Denn es ist im Prinzip einfach, man muss die Sachen nur wissen und konsequent in die Tat umsetzen. So werden Sie mit diesem Buch nicht nur Ihr Training ändern, sondern auch bewusster essen, besser entspannen und mehr nach innen hören.

Machen Sie eine gute Figur

Nach zwei oder drei Wochen wird Ihnen nicht mehr entgehen, wie Sie mit jedem Schlag oder Seilschwung oder Sit-up Ihren Körper verändern wie niemals zuvor und praktisch nebenbei bestes Bodybuilding praktizieren. Was Sie wahrscheinlich ursprünglich gar nicht wollten, denn sonst würden Sie brav in eine Muckibude rennen und andere Bücher lesen.

Die besondere Art der Körperformung, die Sie betreiben, dient dabei keinem ästhetischen Selbstzweck. Die Muskeln wachsen einfach mit ihren Aufgaben, mit jeder unserer Übungen setzen Sie einen neuen Reiz. Und ein so reizvolles Training hat natürlich auch seinen Preis: starke und elastische Muskeln, und damit kann man doch eigentlich recht gut leben!

Ran an den Speck!

Muskeln sind große Klasse: Sie machen stark und schlank. Wenn sie sich zeigen, schmeicheln sie jeder Figur, und dazu verbrennen sie Fett, und das nicht nur während des Workouts, sondern rund um die Uhr. Da können Sie so lange walken oder joggen, wie Sie wollen, die Fettpölsterchen lächeln nur müde wegen der mickrigen Belastung und bleiben. Doch wenn Sie mit Fitnessboxen anfangen und regelmäßig trainieren, dann hat der Speck keine Chance und wird weichen, widerwillig zwar, aber das kann Ihnen völlig egal sein. Der Nachbrenneffekt nach den Workouts und der Fettabbau im Schlaf zählen zu den absoluten Stärken des Trainings.

Anti-Aging nebenbei

Dabei sollten Sie auch daran denken, dass der Körper im Alter von 30 Jahren mit dem Abbau der Muskulatur beginnt, wenn Sie diesen genetischen Prozess nicht aufhalten und die normale Alterung durch Sport verzögern. Nach ein paar Wochen Training machen Sie eine gute Figur und bekommen eine gute Figur. Oder sie wird noch besser, in jedem Fall kräftiger und agiler, seien Sie gewarnt. Eventuell gibt's dann auch mit der Konfektionsgröße ein paar kleinere Probleme, Gürtel zu weit, Hosen zu locker, aber da müssen Sie durch.

Leichtfüßig und schnell

Zwei wesentliche Vorzüge des Fitnessboxens habe ich schon angesprochen: kräftige Muskeln und einen klaren Kopf. Doch es kommt noch besser: Fitnessboxen macht Sie ausdauernd und kombiniert die Vitalität von Körper und Geist – Sie werden also zum Meister der Koordination und Beweglichkeit. Die ersten Schritte sind deswegen wahrscheinlich die schwersten, und es wird eine Weile dauern, bis das Füßeschieben übergeht in ein Gleiten, um schließlich zu münden im Schweben eines Schmetterlings, frei nach Ali: »Float like a butterfly – sting like a bee.« Der Kopf koordiniert Hände und Füße mit irrem Tempo. Diese komplexen Bewegungen spielen beim Schattenboxen im freien Raum eine große Rolle, vorwärts und rückwärts, angreifen und ausweichen, täuschen und ausweichen, immer locker in den Schultern und beweglich in den Hüften.

Übung macht den Meister

Niemand muss deswegen vorher einen Salsakurs machen. Es gibt Bewegungstalente, die sofort eine kesse Sohle hinlegen – die meisten werden anfangs aber eher unbeholfen durch die Gegend rutschen. Deswegen üben Sie ja. Und darum ist Fitnessboxen eine extrem gute Sache für Frauen, deren Beinarbeit sowieso meist eleganter und rhythmischer ist. Wäre das anders, wären auf den Tanzflächen dieser Welt wohl auch mehr Männer zu finden. Mit der Sicherheit kommt die Schnelligkeit. Haben Sie die Bewegungen verinnerlicht, lassen sie sich weiter optimieren, und das mache ich in jeder Vorbereitung: das ganze Programm immer wieder abspulen, wie im Schlaf, doch hellwach dabei.

Fit, flott, wach, gesund

Es gibt auf unserem Planeten kein komplexeres Training als Boxen. Unsere drei Programme richten sich an alle Menschen, die gern fitter sein wollen, flotter und wacher und im Ganzen gesünder. Es gibt nix auf die Nase, aber ordentlich was in die Beine und in die Schultern, in den Bauch und in den Rücken. Fitnessboxen toppt eben alles, was bisher da war, und ist auf seine Art ein wahres Hardcoretraining. Denn Ihre Mitte wird dabei stark wie nie. Rücken und Bauch bieten wieder die gewünschte Stabilität, und der ganze Körper ist in Bestform.

Von wegen graue Theorie!

Jetzt aber Schluss mit der Werbung, es folgt der Wetterbericht: In den nächsten Kapiteln wird es stürmisch, da erleben wir zusammen die Hochs und Tiefs des Trainings. Zunächst aber ein wenig Theorie, denn gute Trainer legen großen Wert auf die »inneren« Werte ihrer Schüler, und ein paar von den leicht messbaren stelle ich Ihnen vor.

TRAINING TO GO

Die wichtigsten Werte

Damit Sie diesmal schon am Anfang genauso schlau sind wie sonst immer erst am Ende, werde ich Ihnen die wichtigsten Werte, Einheiten und Parameter aus der Trainingslehre kurz vorstellen. Das kann ganz spannend sein, wenn man es verstanden hat, was unter normalen Bedingungen eine Weile dauert, doch mit einem Coach wie Clive Salz an der Seite ist das fix erledigt. Denn früher war er selbst Leistungssportler und weiß von daher genau, wie sinnvolles Training funktioniert. Vor jedem Kampf stellt er mich aufs Gramm genau ein, und das ist genial, denn so verliere ich in der langen Zeit der Vorbereitung keine Substanz – das ist schon die halbe Miete. Anhand der Werte können Sie verfolgen, wie sich Ihre Leistung kontinuierlich entwickelt und sich der Trainingszustand dabei konstant verbessert.

BMI & Co.

Der Body-Mass-Index (BMI) stellt das Körpergewicht in Relation zur Größe, und der per Formel »Gewicht in Kilo geteilt durch Körpergröße in Metern mal Körpergröße in Metern« errechnete Richtwert gibt grob Auskunft über den körperlichen Status: fettleibig, zu dick, normal, zu dünn oder untergewichtig.
Die Maßzahl kann allerdings arg täuschen, weil sie keinen Unterschied macht zwischen Fettgewebe und Muskulatur. Da

Bewertung	BMI Männer	BMI Frauen
Untergewicht	< 20	< 19
Normalgewicht	20–25	19–24
Übergewicht	25–30	24–30
Adipositas (Fettsucht)	30–40	30–40
Massive Adipositas	> 40	> 40

Muskeln schwerer wiegen als Fett, schneiden die kantigen Kandidaten immer schlecht ab, ihr Ergebnis liegt immer im Bereich des Übergewichts – was natürlich Nonsens ist.

Eine sinnvolle Kennzahl ist dagegen der Taillenumfang. Und das sollten Sie auch regelmäßig machen: nicht so viel auf die Waage stellen, stattdessen messen mit dem Maßband.

Ich wiege mich auch nur, wenn es sein muss. In der Vorbereitung muss es allerdings sehr regelmäßig sein, und zwar morgens und abends. Anhand der Gewichtsdifferenz definiert sich der Wasserverlust, und das ist wieder wichtig für die reduzierte Kalorienzufuhr. Das maximale Kampfgewicht beträgt in meiner Klasse genau 72,574 Kilo. Wenn wir mit der Vorbereitung beginnen, bringe ich rund 82 Kilo auf die Waage. Das bedeutet, dass ich in zehn Wochen rund zehn Kilo verlieren muss und in der Zeit die Intensität des Trainings stetig steigt. Für die hohen Trainingsbelastungen brauche ich eigentlich mehr Energie, doch ich bekomme eher weniger – und das trotz sechs Trainingstagen in der Woche mit elf Einheiten. Wie es genau funktioniert, das erkläre ich Ihnen im Kapitel CHAMP (siehe Seite 127). Für mich ist das keine ganz so große Sache mehr: »Same procedure as last fight.« In der Situation braucht Coach Clive Salz mein Gewicht fast auf zwei Stellen hinter dem Komma, damit er genau weiß, wie sich der Körper aktuell verhält. Weil es solche exakten Maßbänder wohl nie geben wird, müssen wir wiegen. Anhand der Daten entwickelt mein Coach die Ernährungsstrategie, und mit ein wenig Disziplin darf ich sie dann eins zu eins umsetzen – das ist nicht immer einfach, aber effektiv.

Der Taillenumfang

Sie steigen aber ruhig um auf das Maßband und werden sich wundern, wie schnell die Zentimeter schwinden, sobald Sie regelmäßig trainieren. Den Taillenumfang misst man zwischen dem unteren Rippenbogen und der Oberkante des Hüftkno-

Taillenumfang	Männer	Frauen
Normal	< 94 cm	< 80 cm
Erhöhtes Gesundheitsrisiko	94–101 cm	80–87 cm
Stark erhöhtes Gesundheitsrisiko	> 102 cm	> 88 cm

chens. Ein paar Pfunde purzeln natürlich auch, aber wie gesagt, achten Sie weniger auf das Gewicht: Denn Sie machen keine unsinnige Hungerkur, sondern absolvieren ein gezieltes Aufbauprogramm. Weil Muskeln eben schwerer wiegen als Fett, freuen Sie sich über Ihre neue Konstitution.

Der Taillenumfang dient auch als deutlicher Indikator für gesundheitliche Risiken wie Diabetes mellitus oder Herzkrankheiten; der Wert ist zwar weniger fitnessorientiert, doch wer auf ihn achtet, verliert das überflüssige Fett sogar noch schneller.

Die richtige Herzfrequenz

Das Herz eines Boxers muss nicht nur groß sein, damit genug Mut hineinpasst, vor allem muss es gesund sein. Deshalb machen Sie bitte vor dem ersten Training bei einem Sportarzt Ihres Vertrauens ein Belastungs-EKG. Das ist keine große Sache, Sie strampeln auf dem Ergometer, jede Minute legt die Automatik einen Gang zu, das Treten wird anstrengender, die im Sattel geleistete Wattzahl klettert kontinuierlich, und der Doc misst zur Kontrolle stetig den Blutdruck. Das Belastungs-EKG ermittelt annähernd Ihre maximale aerobe Herzfrequenz, denn Sie sollen im Sattel weiteratmen. Das Maximum hängt dann ab von Genetik, Geschlecht, Alter und Trainingszustand. Von diesem Maximum leitet sich Ihre individuelle Belastbarkeit ab: mit wie vielen Pulsschlägen in der Minute Sie seilspringen, auf den Sandsack hauen oder Crunches machen. Darum ist es sinnvoll, dass Sie sich eine Pulsuhr gönnen, als Taktgeber für Ihr Training, damit Sie immer im Blick haben, auf welchem Niveau sich Ihre Herzfrequenz gerade bewegt. Die Pulsuhr macht nichts anderes als das EKG, nur weniger differenziert und eben am Handgelenk.

Zum Glück gehöre ich nicht zu den Leuten, die nur noch mit Pulsuhr herumlaufen, denn als Profi kenne ich meine Werte schon recht gut, und deshalb empfehle ich Ihnen, dass Sie vor dem Blick auf die Anzeige den Wert schätzen. Damit trainieren

Sie Ihre Körperwahrnehmung, das ist eine gute Übung, damit Sie sich von Beginn an mit sich selbst vertraut machen. Also erst schätzen, dann schauen.

Wie heftig Ihr Herz pumpt, das hängt ab von mehreren Faktoren: von Ihrer Körperkonstitution, besonders der Ausdauerfähigkeit. Von Ihrer Tagesform, bedingt durch Belastungssituationen und Stress. Was Sie über den Tag verteilt trinken und essen und wie viel Muskulatur Sie täglich einsetzen.

Die Grundlagenausdauer

Die Grundlagenausdauer ist ziemlich wichtig, denn sie entscheidet darüber, wie lange jemand unter Belastung durchhält. Das klingt nach Marathonvorbereitungskurs und nicht nach Spaß, aber sie ist die Basis jeder Action. Coach Clive Salz legt darauf großen Wert, denn ohne ein gewisses Level erreicht zu haben, wären die Belastungen des anschließenden Intervalltrainings zu hoch, und bei Boxübungen bekäme ich wahrscheinlich früher oder später Atemnot. Doch weil er keine Ruhe gibt, habe ich in der letzten Runde eines Kampfes noch fast genauso viel Kraft wie in der ersten, und auch die Konzentration bleibt Runde für Runde erhalten.

Für die boxspezifische Grundlagenausdauer bin ich in der Woche rund zwei Stunden zu Fuß unterwegs, das sind zwei lockere Läufe um die 60 Minuten. Bei gutem Wetter laufe ich entweder bei mir zu Hause in Leverkusen, oder Coach Clive Salz schickt mich in Köln auf die Piste oder aufs Band im »PLUS ONE Institut«. Dort trainieren noch viele andere Leistungssportler, wir haben ein komplettes Gym inklusive Ring und einen umfangreichen Cardiopark, dazu zwei komplette Fitnesscenter. Aber bei Ihnen daheim reichen auch vier Quadratmeter Platz – dann sind Sie schon auf dem besten Weg ins Fitnessboxen.

Die Basis Ihres Trainings

Fangen Sie am besten gleich mit Laufen oder Seilspringen an. Ich liebe das Geräusch des Seils, wenn es durch die Luft saust und nur ganz leicht den Boden berührt. Zu diesem supersensiblen

Rhythmus passt fast jede Musik, egal, ob Rap, Jazz, Pop oder Klassik. Und die Grundlagenausdauer selbst ist ein Klassiker der Trainingslehre, auf ihr basiert Ihre Gesundheit, Ihre Fitness, und sie beeinflusst maßgeblich den Zustand des Immunsystems.

Und wenn die Pulsuhr piept, weil Sie einmal kurz im roten Bereich springen – müssen Sie dann Angst haben? Nein. Wenn das Herz gesund ist, dann packt es auch einen Sprint von null auf hundert – oder joggen Sie etwa einem Bus hinterher? Ab und zu braucht das Herz hohe Belastungen, damit es seine Flexibilität erhalten kann. Um natürlich unnötige Risiken zu meiden, lassen Sie sich erst von einem Sportarzt untersuchen; er macht dabei ein Belastungs-EKG (siehe Seite 27) und erklärt Ihnen dann Ihre Möglichkeiten und Grenzen. Die Sie mit unserem Training absolut gesundheitsorientiert verschieben, bis ein Sprint oder Seil gar kein Thema mehr ist. Die Natur hat es so eingerichtet, dass der Körper schnell auf Stress reagiert: Stichwort Säbelzahntiger. Flucht gehört zum Überleben. Genauso wie Kämpfen, denn immer wegrennen geht nun mal nicht.

Das angepasste Herz

Das Rennen oder schnelle Seilspringen trainiert eine weitere Genialität des Herzens: die Herzfrequenzvariabilität. Wenn Sie auf die Pulsuhr schauen und mit einem konstanten Puls von 140 das Seil schwingen, dann denken Sie vielleicht, wie schön gleichmäßig das Herz schlägt. Oberflächlich betrachtet, macht es das auch, in der Tiefe aber unterscheiden sich die Herzschläge minimal voneinander, und auch die dazwischen liegenden Pausen variieren. Sie spüren das regelmäßige Klopfen, doch wäre ein wirklich gleicher Takt lebensgefährlich. Dadurch würde die Variabilität der Herzfrequenz schwinden, und das Herz sowie das komplette Organsystem wären mit jeder schnellen Anpassung komplett überfordert. Das gesunde Herz aber kann von jetzt auf gleich seine Schlagfrequenz enorm steigern und danach sofort wieder reduzieren.

Richtig regenerieren

Damit sind wir beim zweiten Teil Ihrer herzlichen Fitness angelangt: der schnellen Regenerationsfähigkeit. Wenn Sie im trainierten Zustand das Tempo des Seilspringens forcieren, beschleunigt sich der Puls, und wenn Sie wieder langsamer werden, fällt er entsprechend. Während des Kampfes macht mein Herz in den drei Minuten einer Runde zwischen 150 bis 180 Schläge, meine Fäuste kommen vielleicht auf 100. Doch sobald ich nach dem Gongschlag auf meinem Hocker sitze und für eine Minute durchatme, sinkt meine Herzfrequenz auf 120 Schläge. Das muss sie auch, damit ich mich kurz ausruhen und erholen kann und mitbekomme, was mir mein Trainer Michael Timm in der Ecke erzählt.

Ganzheitliche Fitness

Die Ausdauer ist allerdings nur eine Komponente der Kondition; dazu zählen auch: Kraft, Beweglichkeit, Schnelligkeit und Koordination. Fitnessboxen trainiert komplett alles und wirklich fair verteilt. Doch haben die Trainer wiederum Methoden, mit denen sie einzelne Faktoren der Konditionsgleichung gezielt verbessern. Das Fitnessboxen betont eindeutig die Kondition, es trainiert in den Workouts alle motorischen Fähigkeiten. Natürlich gibt es auch da verschiedene Methoden, für die Schnellkraft, die Maximalkraft und die Kraftausdauer, das Variieren macht aber keine Probleme.

Nehmen wir die Ausfallschritte, mit denen Sie gleich zu Beginn konfrontiert werden: Sie können sie ganz gemächlich absolvieren und nach fünf oder sechs Wiederholungen hören Sie wieder auf. Da wird nichts passieren, das ist das Gleiche, als wenn Sie jeden Tag nur in den ersten Stock gehen. Das provoziert keinen überschwelligen Trainingsreiz, und alles wird bleiben, wie es ist. Deswegen wird Ihnen der erste Gang in den zweiten Stock auch ein wenig den Atem rauben und Kraft kosten, doch beim vierten und fünften Mal wird er Ihnen schon leichter fallen. Wenn die Belastung einen Muskel nicht reizt, dann verändert sie ihn auch nicht. Wenn Sie aber 20 oder 30 Wiederholungen machen, wird der Muskel müde, und tun Sie das häufiger, reagiert der Muskel und passt sich an.

Die Superkompensation

In unseren Workouts werden Ihre Muskeln kontinuierlich gereizt, sodass Sie sich leistungsmäßig ständig weiterentwickeln. Sie werden erleben, dass sich die Muskeln anpassen, sowohl bei langsamen wie auch bei schnellen Übungsvarianten. Der Prozess gehört zum Trainingsalltag, man spricht dabei von der Superkompensation: Sie beschreibt ein Modell der Muskelentwicklung und verbindet die Trainings- mit der Ermüdungs-, Erholungs- und der Anpassungsphase. In der Zeit der Ruhe sollen sich die beim intensiven oder extensiven Training ramponierten Muskelfasern von den Strapazen erholen und an die neuen Belastungen anpassen. Das geschieht auf verschiedenen Wegen: Die Muskelzellen bilden größere Energiedepots für das Glykogen, das in den Muskeln für die Energiegewinnung gebraucht wird. Parallel dazu entwickeln sich neue Kraftwerke in den Muskelzellen, die Mitochondrien, die das Glykogen zusammen mit dem Fett für die Energiegewinnung umwandeln oder eben verbrennen, wie die Fitnesswelt es nennt. Damit aber genug Sauerstoff in die Zellen gelangt, wächst das Netz der feinen Blutgefäße, und dadurch erhöht sich die Transportrate für den Brennstoff. Fehlt der Sauerstoff, fangen die Muskeln an zu brennen. Das Gefühl kennen Sie wahrscheinlich – und wenn nicht, dann wird es Ihnen bei der einen oder anderen Übung begegnen. Kein Drama, kurz pausieren, und der Schmerz verschwindet, weil der Auslöser, eine zu hohe lokale Laktatkonzentration, sich schon wieder aufgelöst hat.

Ein weiterer Nebeneffekt dieser Anpassung ist der Muskelaufbau, oder genauer gesagt die Verdickung der Muskelfasern (Hypertrophie). Die Art der Anpassung liegt oft im Zentrum diverser Krafttrainings, doch das

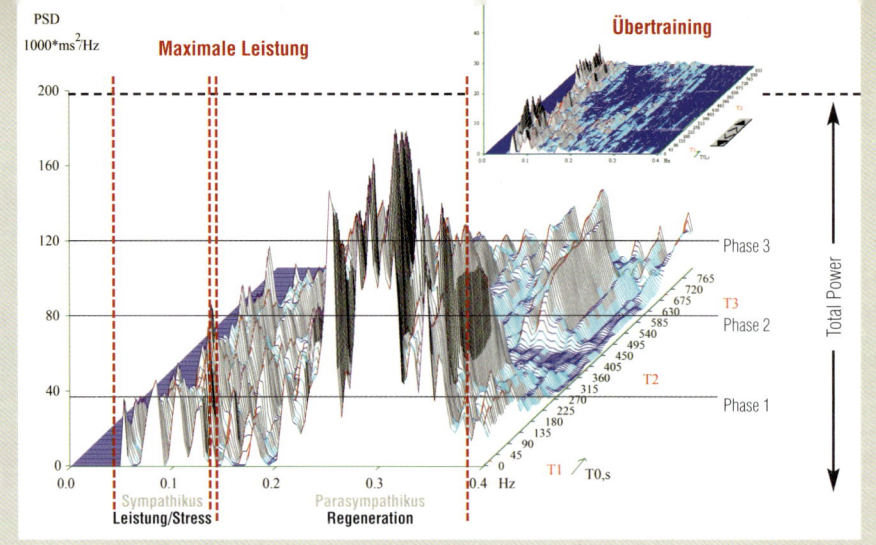

Die Grafik zeigt, wie sich die Regeneration (vorn) auf die Herzfrequenzvariabilität auswirkt. Wer zu wenig pausiert, ruiniert seinen Trainingserfolg, denn der Körper braucht Ruhephasen (Regeneration), um stärker zu werden.

Muskelwachstum allein ist eben ein etwas eindimensionales Training, weil es primär die Struktur verändert. Das Fitnessboxen hingegen provoziert neben den strukturellen (Muskelwachstum) und metabolischen (Energiegewinnung) Anpassungen auch neurologische: Es verbessert die intermuskuläre und intramuskuläre Koordination – die Muskeln arbeiten ökonomischer.

Schlank und stark

Sie werden das alles verstehen und hautnah miterleben, wie es einem Boxer geht, wenn die Arme schwer werden. Und die können verdammt schwer werden in so einem Kampf. Das können sich die wenigsten vorstellen, was für eine Arbeit die Muskeln in den drei Minuten einer Runde leisten müssen. Wenn sie systematisch darauf vorbereitet werden, dann packen sie das Pensum, und dafür haben wir für Sie unsere Programme geschaffen.

Die Wissenschaft hat sich darauf geeinigt, dass Übungen mit acht bis zwölf Wiederholungen oder rund 70 bis 85 Prozent der maximalen Leistung primär dem Muskelaufbau dienen, wogegen 30 oder mehr Wiederholungen bei einer Belastung zwischen 40 bis 50 Prozent der Maximalkraft die Kraftausdauer trainieren. Sie werden es vielleicht jetzt noch nicht glauben, aber Ihnen widerfährt es: Alles Positive nimmt zu – und Sie nehmen ab.

DIE HARDWARE

Ihr Equipment fürs Fitnessboxen

Fitnessboxen ist ein ziemlich günstiger Sport; was Sie dafür im Wesentlichen brauchen, haben Sie sowieso schon parat: einen wachen Geist und ein großes Herz. Also geht es z.B. um die Klamotten. Hemd und Hose sollen einfach bequem sein. Ob Sie es locker lieben im Baumwolllook oder quietscheng dank schweißtransportierender Hightechgewebe – reine Geschmackssache. Bei den Schuhen wählen Sie ein Modell mit möglichst flachen und dünnen Sohlen, gedacht für die Halle, damit das Dahingleiten ein Leichtes wird. Dicke Profilsohlen stören da eher, denn beim Fitnessboxen geht es ja gerade um den Bodenkontakt, allerdings mit den Füßen, nicht mit der Nase.

Das Springseil

Ihre erste echte Investition gilt dem Springseil. Sie könnten zur guten alten Hanfstrippe greifen, doch wird Ihnen das Seil wahrscheinlich wenig Freude bereiten, denn es dreht sich recht mühselig und langsam. Praktischer ist ein Stahlseil, umhüllt von einem Kunststoffmantel. Durch sein Eigengewicht und die Kugellager in den Griffen lässt es sich sehr gleichmäßig schwingen und wird auch ganz schön schnell, ohne dass dabei die Arme wie verrückt rotieren müssen – alles kommt locker aus den Handgelenken. Das Springseil wird Ihr treuer Begleiter und bester Fatburner, darum gönnen Sie sich ein gutes.

Hanteln & Bälle

Für die einzelnen Workouts brauchen Sie verschiedene Gewichte und Bälle, groß und klein. Der ROOKIE setzt bei den Übungen verstärkt auf das Körpergewicht, für viele schon schwer genug. Dazu kommen noch vier kleine Hanteln: Zwei Hanteln haben ein Gewicht von jeweils ein oder zwei Kilo, und die anderen beiden wiegen je vier oder fünf Kilo. Für den Notfall können Sie die leichten Hanteln, z. B. im Urlaub, durch volle Wasserflaschen ersetzen.

Dazu brauchen Sie noch einen dicken Gymnastikball von der Sorte, die eine Zeit lang in den Büros die Stühle ersetzten, wegen der Rückenfreundlichkeit. Bis die Menschen merkten, dass man auf so einem gesunden Ball auch nicht automatisch gerade sitzt, aber das ist eine andere Geschichte.

Falls bei Ihnen noch so ein Ding in der Ecke döst, aufwecken und aufpumpen. Bälle eignen sich besonders gut zum Stabilisieren des Körpers, außerdem trainieren sie das Reaktionsvermögen und können nach ein paar Wiederholungen mächtig schwer werden. Deswegen trainieren wir ständig mit Medizinbällen. Ich habe keine Ahnung, wie oft ich die Dinger schon an die Wand geschmissen habe. Es ist faszinierend zu sehen, dass jeder, der mich beim Training besucht und die ganzen Bälle herumliegen sieht, sich gleich einen greift und natürlich auch an die Wand feuert und fängt. Ein netter Test, wie viel Kraft und wie viel Reaktionsvermögen noch da sind. In unseren Workouts müssen Sie die Bälle aber nicht an die Wand werfen, weil das die Nachbarn ärgert und definitiv die Wände ruiniert. Aber drauf- und drüberspringen müssen Sie. Also: Wenn Sie im Supermarkt mal einen kleinen im Angebot finden, ein oder zwei Kilo leicht, gleich mitnehmen.

Gewichte für Champs

Als CHAMP halten Sie dann etwas Besonderes in Händen: Kettlebells (siehe Fotos Seite 138f.). Was aussieht wie ein gusseisernes Handtäschchen, stammt aus dem Fundus der russischen

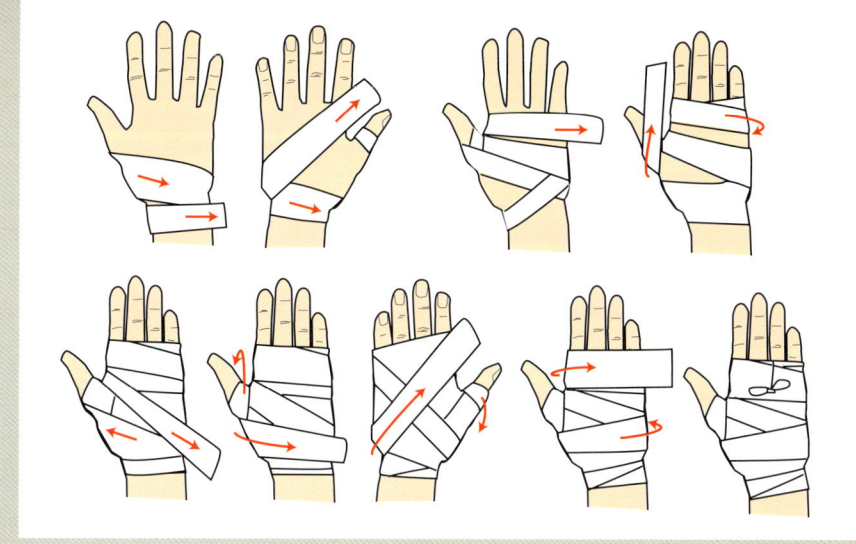

Rollen Sie die Bandage langsam und fest über die Finger ab – nur so macht es Sinn und Spaß.

Armee und dient dort dem Drill der Rekruten – sehr funktional. Nicht nur zum klassischen Heben und Senken, sondern gerade auch zum Schleudern in alle Richtungen, perfekt für komplexe Bewegungen quer über alle Muskelschlingen, von den Zehen bis in die Fingerspitzen. Dazu kommt noch eine Langhantel mit zehn Kilo Gewicht.

Handschuhe & Bandagen

Das zweite Workout in jedem Programm widmet sich dem Boxtraining: Schläge und Schritte. Nach der Kondition kommt nun endlich die Boxtechnik dran.
Beim Boxen ist vor allem der Schutz der Hände wichtig. Allein dafür sind Bandagen und Handschuhe gedacht. Denn trifft eine nackte Faust auf einen Kopf, dann verliert immer die Faust – die vielen kleinen Knochen sind zu fragil, der Schädel wirkt dagegen wie Beton.
Als Handschuhe genügen einfache Ballhandschuhe, schließlich treffen sie nur auf den Sandsack, und der ist je nach Füllung recht weich. In den Handschuhen stecken verbundene Hände. Wählen Sie die einfachen Bandagen mit Klettverschluss, aber seien Sie sorgfältig beim Wickeln. Wenn Sie das zwei-, dreimal gemacht haben, haben Sie schnell die Windungen heraus.
Also ran an die Bandage und die Hände wickeln, wie in der Grafik oben gezeigt. Es gibt viele ver-

schiedene Varianten, aber diese ist die gängigste, und in den Anfängen als Amateur habe ich es auch so gemacht. Heute bekomme ich die Hände gewickelt und getapet und noch mal gewickelt und wieder getapet – in den Handschuhen merke ich dann fast nichts mehr. Wickeln Sie die Bandagen bitte nicht zu fest, das stört die Durchblutung, und nicht zu locker, dann löst sich der Stoff und scheuert.

Die Bandagen schützen die Haut der Hände, denn in den Handschuhen wird es schnell heiß, die Finger feucht, und alles rutscht – das verhindern die Bandagen. Sie halten die Hände trocken und vor allem stabil.

Darum verdienen die Bandagen auch größte Aufmerksamkeit und sollten nach dem Training gleich in die Waschmaschine oder zum Trocknen auf die Leine. Sind sie getrocknet, werden sie ganz eng wieder aufgerollt, damit sie zum nächsten Workout ganz eng auf der Hand abgerollt werden können. Wer schon einmal versucht hat, die Hand mit einem über 2,50 Meter lose herumhängenden Stoffstreifen zu bandagieren, wird festgestellt haben, wie hoffnungslos das ist.

Der Sandsack

Für das klassische Schlagtraining favorisieren wir einen großen und schweren Sandsack und der hängt traditionell träge unter der Decke oder an der Wand an einem Gestänge. Wobei der Wandhalter den kleinen Nachteil hat, dass er die Bewegung rund um den Sack einschränkt. Wir votieren für den Sandsack, weil er viel verträgt und Fehler verzeiht. Das ist wichtig, denn bestimmt gehen anfangs auch ein paar Schläge daneben. Günstige Modelle inklusive Füllung gibt es schon ab 100 Euro. Allerdings müssen Sie sich vor dem Kauf zwei Fragen stellen: Wie ist die Decke beschaffen und wie steht es um die Nerven der Nachbarn? Das baustatische Problem: So ein Sack wiegt zwischen 60 und 80 Kilo und wenn er schwingt, müssen Dübel und Mauerwerk einiges halten. Und der Krach. Weniger die dumpfen Schläge als das Rasseln der Ketten, an denen der Sack hängt. Verfügen Sie aber über viel Platz und einen guten Rechtsschutz, dann packen Sie das Werkzeug aus und montieren nach Herzenslust.

Als Alternative gibt es aber auch diverse stehende Hindernisse, als gepolsterte Säule oder in Form eines Korpus. Die machen auch Krach, wenn Sie getroffen werden und rutschen gerne davon. Wenn Sie sich für den Dummy entscheiden, die Preise liegen zwischen 200 und 500 Euro, dann kleben Sie Filz unter den Fuß, damit der Boden nicht zerkratzt wird.

Rund um den Sandsack dreht sich eine ganze Zahl von Satelliten, wie Maisbirne, Doppelendball oder Punchingball. Das ist zwar ein sensationelles Training für Reaktion und Gewandtheit, aber für die meisten Anfänger einfach zu schwierig.

Insgesamt kann ein Gym in der Nähe nicht schaden – dort finden Sie sicher einen Sandsack und können ordentlich draufhauen.

Wo trainieren?

Im Prinzip sind unsere drei Programme so konzipiert, dass Sie alles zu Hause machen können. Wenn Sie daheim rund vier Quadratmeter Platz haben für Ihr neues Hobby, dann reicht das vollkommen. Alle Übungen können Sie auf dem kleinen Raum trainieren, und auch das Schattenboxen oder Schlagtraining braucht keine ganze Halle.

Eine Alternative ist ein Gym, wo Sie alle nötigen Geräte vorfinden und außerdem Ihre Ruhe haben, das zu machen, was Sie wollen und wann Sie wollen. Dort können Sie unsere Programme perfekt trainieren.

Eine weitere Möglichkeit wäre der Besuch eines klassischen Boxvereins. Nur werden Sie dort neben den fixen Trainingszeiten auch ein fixes Trainingsprogramm vorfinden, das nicht immer mit unseren Programmen konform gehen wird: Ihre Entscheidung. Schaden wird es auf keinen Fall, denn die Zahl der Fitnessboxer steigt in den Vereinen. Auch typische Studiogänger können immer öfter das Equipment der diversen Kampfsportkurse nutzen, wenn die Aerobicräume frei sind.

IHRE BOX-
PROG

RAMME

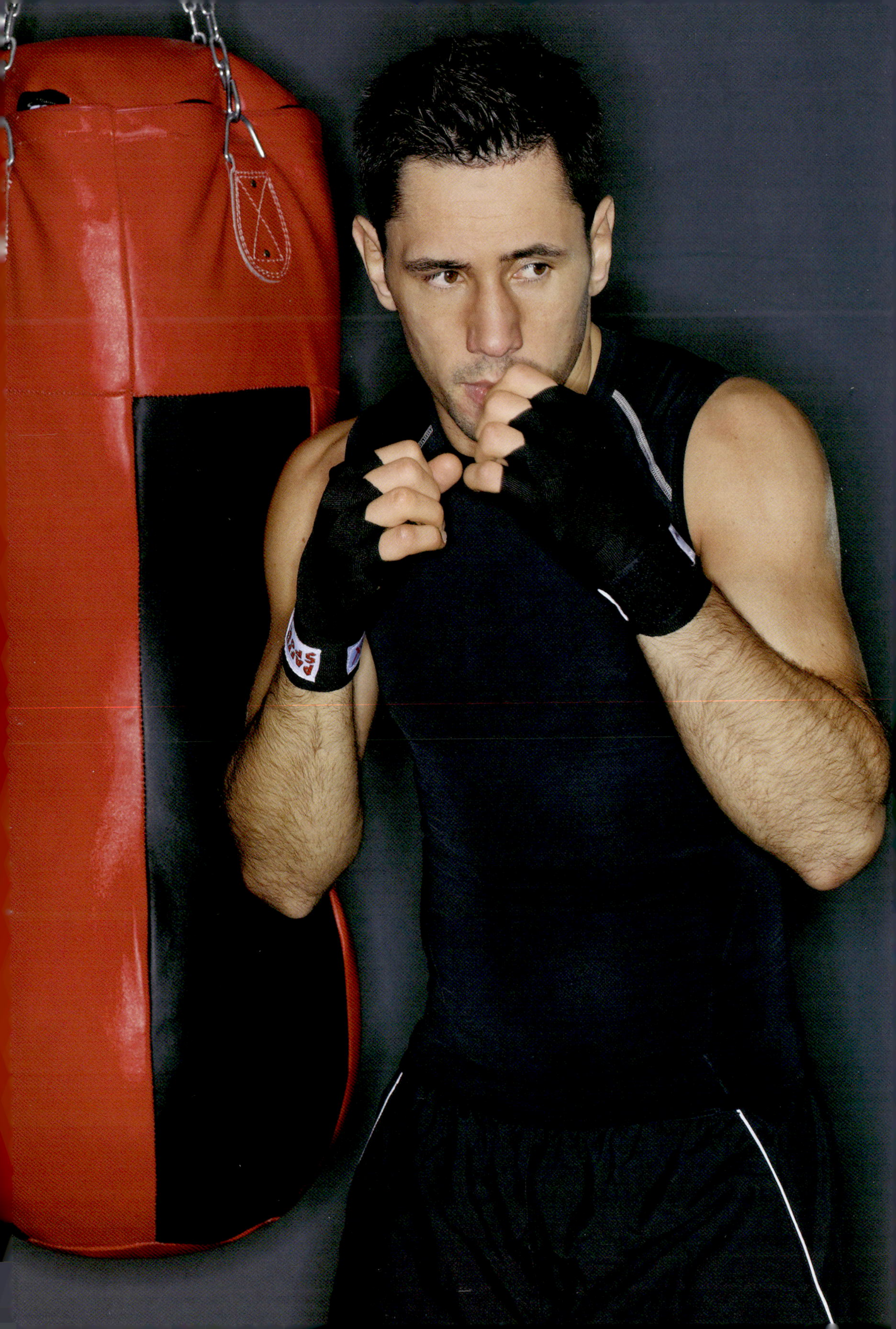

PROGRAMM 1
ROOKIE

Ring frei für Ihre erste Runde!

Bevor es richtig zur Sache geht, noch ein paar Zeilen zu dem, was Sie erwartet. Das Programm ROOKIE hat vier Runden. In einem Boxkampf dienen die ersten Runden zum Einschätzen des Gegners; hier setze ich frühe Akzente und verschaffe mir den nötigen Respekt. Der Herausforderer muss sofort kapieren, dass er im Ring nichts geschenkt bekommt. Entsprechend haben wir das Programm konzipiert: Sie starten in die ersten Workouts und betreten damit wirklich Neuland. Sie werden schnell spüren, wo Sie stehen, wo Sie Defizite haben und was richtig Spaß macht. Denn Letzteres ist superwichtig: ohne Spaß kein Fortschritt. Gerade am Anfang.

Die erste Runde fordert Sie primär physisch und koordinativ, weil Sie neu laufen lernen: die ersten Schritte in ein neues, sportliches Leben – Pathos gehört dazu. Die Runden zwei bis vier lehren Sie viel über Ihr tägliches Essen und Trinken, die Bedeutung der Erholung und dass Sie immer an sich glauben müssen.

Sie haben sich dieses Buch gekauft, die Klamotten besorgt und möchten starten, und ich denke, dass das eine der besten Entscheidungen in Ihrem Leben ist. Natürlich können Sie auch morgen wieder damit aufhören, doch ich bin sicher, dass Sie genau das nicht machen werden, sondern Ihren Weg gehen werden, von Runde zu Runde.

RUNDE 1
TRAINING

Warm-up

Beginnen wir mit dem Seilspringen: Ich habe das immer gern gemacht. Natürlich lernt ein Kind es auch leichter, springt herum, ohne dass es in den Gelenken knackt. Am Anfang springen Sie deshalb auch nur so lange, bis Sie den Bogen raushaben, und üben die richtige Technik für ein paar Minuten. Damit Sie sich nicht in der Strippe verheddern, stellen Sie zuerst die richtige Länge ein (Bild 1). Dann treten Sie vor das Seil, halten die Arme leicht angewinkelt neben dem Körper und schwingen das Seil aus den Handgelenken heraus. Nicht rudern und nicht schleudern, die Arme bleiben dabei ganz ruhig, die Füße heben nur knapp vom Boden ab. Anfangs können Sie die Füße natürlich etwas höher nehmen, doch versuchen Sie gleich, so flach wie möglich über dem Boden zu bleiben – das Seil saust unter den Sohlen hindurch.

Mit den Füßen machen Sie dabei Trippelschritte, Sie schieben immer abwechselnd eine Fußspitze vor: links, rechts, links, rechts, das klassische Tänzeln (Bild 2). Zu Beginn werden Sie immer wieder auf das Seil steigen und stoppen – nur die Ruhe, es ist noch kein Meister vom Himmel gefallen. Hüpfen Sie einfach tapfer weiter – wahrscheinlich liegt das letzte Seilspringen schon einige Zeit zurück. Wie im ganzen ROOKIE-Programm starten wir ohne Hektik.

- Sie springen 30 Sekunden und pausieren dann für die gleiche Zeit. Das wiederholen Sie 5- bis 10-mal.
- Wenn Sie etwas trainierter sind, springen Sie 3-mal 3 Minuten und machen dazwischen 1 Minute Pause.
- Alternativ können Sie auch auf der Stelle joggen oder Sidesteps machen, wenn Sie mit dem Seil nicht so gut zurechtkommen oder Sie die Belastung für die Knie als zu stark empfinden.
- Bitte springen Sie immer mit Schuhen. Es brennt ungemein, wenn Sie sich das Seil auf die nackten Füße knallen.

Nehmen Sie Maß und stellen Sie sich auf die Mitte des Seils, die Griffe sollen auf Höhe Ihrer Hüfte sein.

Die Füße bewegen sich immer leicht vor und zurück. Sie landen dabei auf einem Fußballen, der zweite Fuß schwebt noch in der Luft.

Workout 1

Es gibt Tausende von Übungen auf der Welt, und keine ist wirklich schlecht, doch nur wenige sind richtig gut. Davon hat Clive 18 ausgewählt, und die ersten 6 turnen Sie jetzt. Für jede Übung gibt es 3 verschieden schwere Versionen, und die Dauer einer Übung steigt von 30 Sekunden über 60 Sekunden zum Finale auf 90 Sekunden. Das Workout fordert die Muskulatur des gesamten Körpers, eine Runde, und Sie sind komplett trainiert.
Anfangs von Woche zu Woche und später von Workout zu Workout wechseln Sie den Modus. So beginnen Sie mit der leichten Variante mit je 30 Sekunden, in der nächsten Woche steigern Sie das Pensum auf 60 Sekunden oder wählen die mittlere Version und starten wieder bei 30 Sekunden usw.
Wie lange das Programm dauert, wie lange Sie ein ROOKIE bleiben wollen, das hängt ab von Ihrer Fitness und Ihrem Einsatz: 2 bis 3 Trainingseinheiten in der Woche sollten es schon sein, denn: Mit 1 Einheit in der Woche können Sie Ihr Niveau halten, aber nicht verbessern. Das gelingt mit 2 Einheiten, doch dauert der Fortschritt dann ein wenig länger. Bei optimalen 3 Einheiten dauert das Programm genau 6 Wochen, Sie trainieren also 18 Einheiten. Verteilen Sie diese auf 2 Trainings pro Woche, dann sind Sie mit 9 Wochen dabei, bevor Sie zum WINNER wechseln.

ROOKIE-Trainingsplan

Warm-up	Wiederholungen	Pause	Dauer
Seilspringen	5–10-mal 30 Sek./ 3-mal 3 Min.	30 Sek./1 Min.	5–10 Min/11 Min.

Workout 1	18 Trainingseinheiten Variante 1: 3-mal pro Woche/6 Wochen		Variante 2: 2-mal pro Woche/9 Wochen
Übung 1–3 Durchgänge	**Zyklus A 30 Sek.**	**Zyklus B 60 Sek.**	**Zyklus C 90 Sek.**
1 Für die Beine I	Wandhocke am Ball 45°	Wandhocke am Ball 90°	Wandhocke am Ball dynamisch 45–90°
Pause	60 Sek.	60 Sek.	60 Sek.
2 Für die Beine II	Ausfallschritt statisch	Ausfallschritt wippend	Ausfallschritt stetiger Wechsel
Pause	60 Sek.	60 Sek.	60 Sek.
3 Für den Bauch	Bauchstütz	Bauchstütz/-presse	Bauchpresse
Pause	60 Sek.	60 Sek.	60 Sek.
4 Für den Rücken	Hyperextension statisch auf dem Ball	Hyperextension statisch auf dem Ball	Hyperextension statisch auf dem Ball
Pause	60 Sek.	60 Sek.	60 Sek.
5 Für die Schultern	Seitheben statisch mit Hanteln	Seitheben mit Hanteln statisch/dynamisch im Wechsel	Seitheben mit Hanteln statisch/dynamisch im Wechsel
Pause	60 Sek.	60 Sek.	60 Sek.
6 Für die Arme	Trizepsdrücken 45° mit Hanteln	Trizepsdrücken 45° mit Hanteln	Trizepsdrücken 45° mit Hanteln

Workout 2	Wiederholungen	Pause	Dauer
Geraden	Jeweils 10-mal links/rechts im Wechsel, 3-mal 1 Min.	1 Min.	5 Min.

Fight	Wiederholungen	Pause	Dauer
Schrittfolge	3-mal 1 Min.	30 Sek.	4 Min.

Cool-down	Wiederholungen	Pause	Dauer
Laufen/Ergometer	-	-	8–10 Min.
Eigenmassage	-	-	5 Min.

Workout 1 · Übung 1

Für die Beine I

A
- Sie nehmen den Gymnastikball und klemmen ihn zwischen unteren Rücken und eine Wand.
- Beugen Sie leicht die Knie, bis Sie einen Winkel von 45 Grad erreicht haben.
- Ziehen Sie die Schultern zurück und bleiben Sie für 30 Sekunden in dieser Position.
- Dann schütteln Sie die Beine aus und lockern die Schultern.
- Sie trainieren die Muskulatur bei dieser Übung nicht dynamisch, sondern statisch. Ihre Beinmuskeln leisten die größte Haltearbeit.

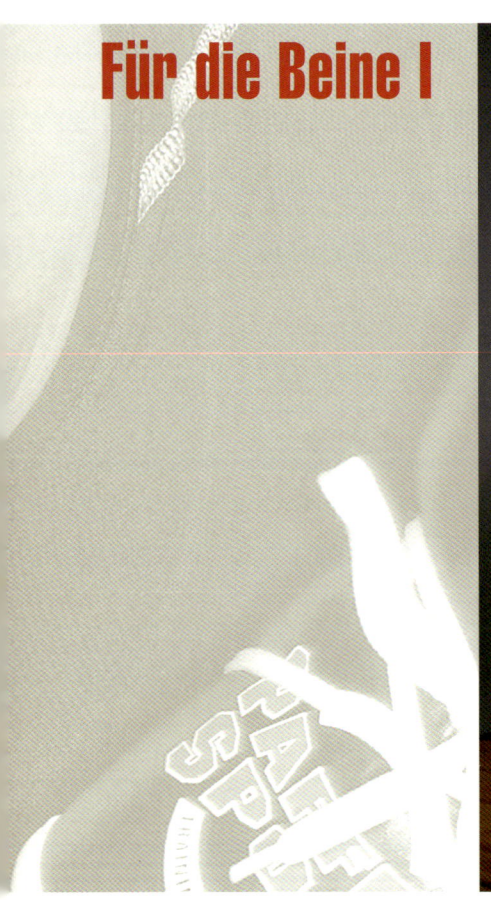

Wandhocke am Ball
45 Grad
30 Sekunden

- Sie nehmen den Gymnastikball und klemmen ihn zwischen unteren Rücken und eine Wand.
- Gehen Sie in die gleiche Position, wie bei A beschrieben – beugen Sie aber die Knie so weit, bis die Oberschenkel parallel zum Boden sind. Ober- und Unterschenkel bilden einen Winkel von 90 Grad.
- Halten Sie diese Stellung für 60 Sekunden. Denken Sie daran, die ganze Zeit über ruhig und gleichmäßig zu atmen.
- Dann richten Sie sich wieder auf und lockern Schultern und Beine.

B

- Fixieren Sie den Gymnastikball mit dem unteren Rücken an einer Wand und gehen Sie in eine 45-Grad-Kniebeuge.
- Bewegen Sie sich langsam auf und ab, rollen Sie also gleichmäßig mit dem Ball an der Wand entlang.
- Führen Sie die Übung für 90 Sekunden durch; vergessen Sie dabei das gleichmäßige Atmen nicht.
- Dann schütteln Sie Ihre Schultern und Beine aus.

C

Wandhocke am Ball
90 Grad
60 Sekunden

Wandhocke am Ball dynamisch
45 bis 90 Grad
90 Sekunden

Workout 1 · Übung 2

Für die Beine II

> - Sie machen mit dem rechten Bein einen Ausfallschritt nach vorn.
> - Der Oberkörper bleibt senkrecht, die Arme sind vor der Brust gekreuzt. Das vordere und das hintere Bein bilden jeweils einen Winkel von ca. 90 Grad, die hintere Ferse ist leicht angehoben.
> - Nach 15 Sekunden drücken Sie sich mit dem rechten Fuß kräftig ab und richten sich auf.
> - Nun gehen mit dem linken Fuß nach vorn und halten diese Position wieder für 15 Sekunden.

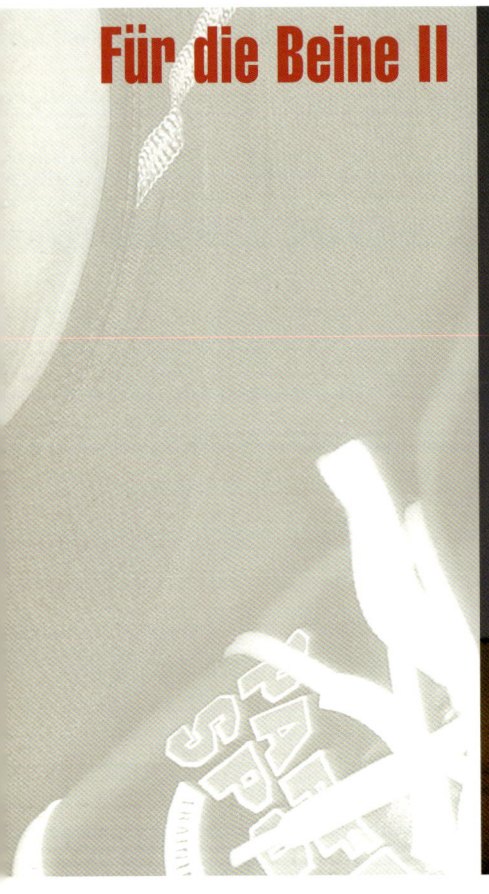

A

Ausfallschritt statisch
30 Sekunden

- Sie machen mit dem rechten Bein einen Ausfallschritt nach vorn.
- Jetzt wippen Sie für 30 Sekunden, d. h., Sie federn mit dem Oberkörper leicht auf und ab. Dabei ruht die Hüfte über dem Körperschwerpunkt und das linke Knie neigt sich in Richtung Boden.
- Dann wechseln Sie die Seite und wippen wieder für 30 Sekunden.
- Nun richten Sie sich auf und lockern die Beine.

B

- Gehen Sie in die bei A beschriebene Ausgangsposition.
- Machen Sie nun für 90 Sekunden Ausfallschritte rechts und links im Wechsel. Der Bewegungsablauf ist dabei ruhig und kontrolliert.
- Dann schütteln Sie Ihre Beine aus.
- Bei dieser Übung arbeiten beide Oberschenkel in der Vorwärtsbewegung exzentrisch: Die Muskulatur wird in der Dehnung angespannt, wenn der Fuß den Schritt bremst.

C

Ausfallschritt wippend
60 Sekunden

Ausfallschritt stetiger Wechsel
90 Sekunden

49

Workout 1 · Übung 3

Für den Bauch

- Sie gehen in den Liegestütz und strecken Rücken und Beine.
- Legen Sie sich auf die Unterarme und drücken Sie sich für 30 Sekunden hoch (Bild 1).
- Achten Sie dabei darauf, dass Sie kein Hohlkreuz machen.

A

Bauchstütz
30 Sekunden

B
- Sie machen für 30 Sekunden den bei A beschriebenen Bauchstütz (Bild 1).
- Dann wechseln Sie die Position und trainieren die Bauchpresse (Bild 2): Legen Sie sich dafür auf den Rücken, stellen Sie die Füße hüftbreit auf die Fersen und kreuzen Sie die Arme über der Brust.
- Dann heben Sie den Schultergürtel an und drücken ihn in Richtung Knie. Sie blicken dabei schräg nach oben, nicht nach vorn – das würde die Halswirbelsäule zu stark krümmen.
- Halten Sie diese Position für 30 Sekunden und atmen Sie dabei ruhig weiter.
- Vielleicht kennen Sie diese Übung unter dem Namen »Crunch«. Gecruncht wird meist dynamisch. Die Bauchpresse machen Sie jedoch statisch.

C
- Trainieren Sie für 90 Sekunden die bei B beschriebene Bauchpresse (Bild 2).
- Sie können die Muskelanspannung noch verstärken, wenn Sie die Arme als Lasthebel einsetzen – je weiter Sie die Arme nach hinten strecken, desto schwerer wird die Übung.

Bauchstütz/Bauchpresse
60 Sekunden

Bauchpresse
90 Sekunden

Workout 1 · Übung 4

Für den Rücken

- Sie legen sich möglichst gestreckt auf den großen Gymnastikball und platzieren ihn unter der Hüfte. Ihr Bauchnabel ruht über der Mitte des Balls. Achten Sie dabei auf einen sicheren Halt!
- Jetzt richten Sie den Oberkörper auf, lehnen sich weit zurück und halten diese Position für 30 Sekunden.
- Die Arme setzen Sie bei dieser Übung variabel ein – strecken Sie beispielsweise die Arme nach vorn, wirken sie wie ein verlängerter Lastarm; kreuzen Sie die Arme vor der Brust, erleichtern Sie dem Rücken die Arbeit. Am Anfang legen Sie die Arme am besten auf den Rücken.
- Bei dieser Übung befinden Sie sich im Hohlkreuz – aber nicht, weil der Bauch zu schwach ist, sondern weil Sie den unteren Rücken bewusst anspannen; die Bauchmuskulatur wird dabei gedehnt.

A

- Positionieren Sie sich, wie bei A beschrieben, und trainieren Sie die Übung 60 Sekunden lang.

B

- Nehmen Sie die Position ein, wie bei A beschrieben, und üben Sie dieses Mal für 90 Sekunden.

C

Hyperextension statisch auf dem Ball
30 Sekunden · 60 Sekunden · 90 Sekunden

Workout 1 · Übung 5

Für die Schultern

- Nehmen Sie die Kurzhanteln in die Hände und stellen Sie sich gerade hin. Platzieren Sie die Füße schulterbreit, die Knie sind leicht gebeugt.
- Jetzt strecken Sie die Arme seitwärts aus und drehen sie etwas nach innen, sodass jeweils der Ellenbogen der höchste Punkt ist. Die Handgelenke halten Sie dabei gerade (Bild 1).
- Bleiben Sie für 30 Sekunden in dieser Position.

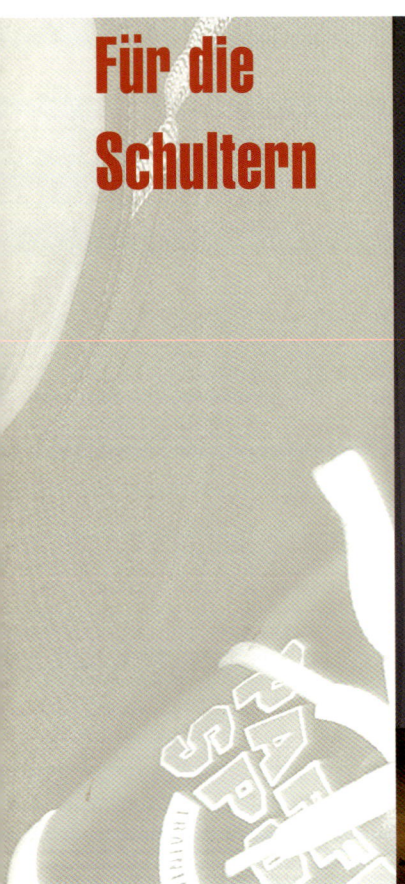

A

Seitheben mit Hanteln
statisch
30 Sekunden

- Strecken Sie die Arme zur Seite aus, wie unter A beschrieben, und halten Sie diese Position für 15 Sekunden (Bild 1).
- Danach bewegen Sie Ihre gestreckten Arme auf und ab, auch wieder für 15 Sekunden (Bild 2).
- Diesen Wechsel zwischen statischem und dynamischem Training wiederholen Sie für 60 Sekunden.

B

- Kräftigen Sie Ihre Schultern im Wechsel statisch/dynamisch, wie bei B beschrieben: 15 Sekunden die Arme mit den Kurzhanteln waagerecht halten, 15 Sekunden auf- und abbewegen.
- Das Ganze wiederholen Sie 3-mal, Sie trainieren also insgesamt für 90 Sekunden.

C

Seitheben mit Hanteln
statisch/dynamisch im Wechsel
60 Sekunden · 90 Sekunden

Workout 1 · Übung 6

Für die Arme

- Nehmen Sie je eine Kurzhantel in die Hände und setzen Sie sich auf den Gymnastikball.
- Achten Sie darauf, dass der Rücken gerade ist und Sie nicht vom Ball rutschen. Je näher die Füße am Ball stehen, desto stärker müssen Sie stabilisieren; je weiter weg, desto leichter können Sie Ihr Körpergewicht ausbalancieren.
- Nun strecken Sie die Arme nach oben (Bild 1).
- Dann senken Sie die Arme hinter den Kopf (Bild 2) und heben sie wieder nach oben.
- Wiederholen Sie diesen Bewegungsablauf zügig 30 Sekunden lang.

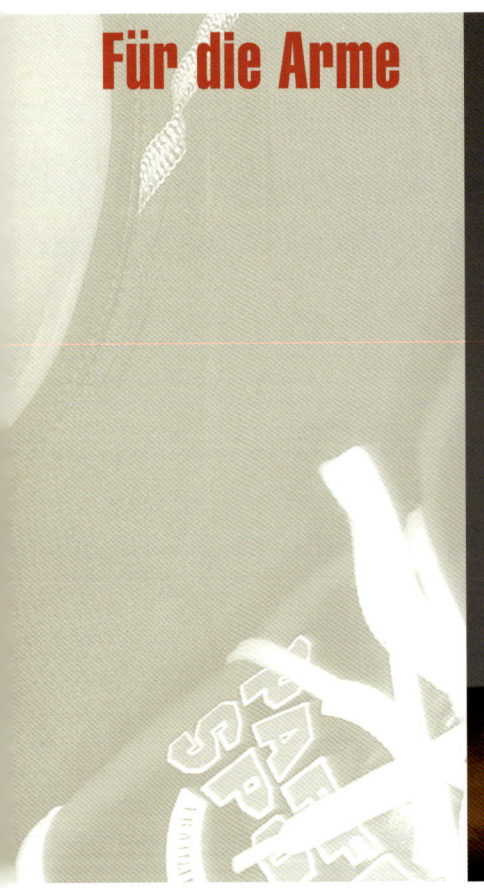

A

Trizepsdrücken 45 Grad mit Hanteln
30 Sekunden · 60 Sekunden · 90 Sekunden

- Üben Sie, wie bei A beschrieben, für 60 Sekunden.

B

- Üben Sie, wie bei A beschrieben, für 90 Sekunden.

C

Workout 2

Jetzt wird's ernst, die Muskeln sind wunderbar warm, der Puls kommt langsam wieder runter, und die Boxhandschuhe warten. Als Erstes gehen Sie in die Grundstellung. Wenn Sie erlauben, dann orientiert sich die Grundstellung an mir, denn ich bin Rechtshänder und boxe entsprechend in der »Linksauslage«. Linkshänder machen alles genau seitenverkehrt, sie boxen in der »Rechtsauslage«.

Wir üben also alles in der Linksauslage, die linke Führhand kommt angewinkelt vor den Körper, und der linke Fuß steht vorn. Die rechte Hand klemmt unter dem Kinn; dort ruht sie als Deckung und wartet auf den großen Auftritt. Der rechte Fuß steht leicht nach hinten versetzt und ruht auf dem Ballen, die Ferse ist leicht angehoben (s. Seite 60).

Die Grund-Grundschläge sind die Geraden, links und rechts, im Amerikanischen »Jab« und »Cross« (s. Seite 61). Beim Stoßen der linken Führhand kommt die Kraft aber nicht aus der Schulter oder dem Arm, sondern aus dem Rücken und dem Po und den Beinen. Das Geheimnis heißt Körperspannung. Wobei es einen feinen Unterschied gibt zwischen Krampf und Spannung. Sie sollen immer schön locker bleiben; zwar sind beide Schultern etwas nach vorn eingerollt, aber locker, locker, locker. Das ist gar nicht so einfach, also üben! Wenn die linke Hand

Beim Schattenboxen können Sie die Finger ganz locker lassen.

nach vorn fliegt, dann drücken die Finger kurz zu für eine richtige Faust, das Handgelenk streckt und dreht sich, sodass die Knöchel nach vorn zeigen. Im Idealfall treffen Zeige- und Mittelfinger ins Schwarze. Sehr wichtig bei dieser Handhaltung: Der Daumen wird nicht in die Handhöhle eingeklemmt, das würde ihm wirklich sehr schlecht bekommen – er liegt also fest unter den Fingern.

Auch beim Fitnessboxen besteht die große Kunst darin, dass die Schlaghand mit der gleichen Geschwindigkeit wieder zurückgeholt wird, sonst ist es ganz schnell aus mit der Deckung, und darauf lauert der Gegner im Ring bloß. Ist die Linke nach ihrem Ausflug wieder am Platz, schießt anschließend die Rechte nach vorn. Sie startet von weiter hinten, da sie am Kinn liegt. Eigentlich ein ziemlicher Nachteil. Bedingt durch die Körperhaltung muss sie einen weiteren Weg zurücklegen. Doppelter Nachteil! Macht aber gar nichts, dafür sitzt dann richtig Dampf im Schlag, wenn die Faust nach vorn saust. Fürs Tempotraining eignet sich die legendäre Ali-Methode: den Lichtschalter im Schlafzimmer umlegen und im Bett liegen, bevor das Licht aus ist. Bevor Sie jedoch schneller schlagen als Ihr Schatten, üben Sie alles langsam und kontrolliert. So viel Zeit muss sein, die Bewegungen auch richtig zu lernen.

Workout 2

Grundstellung Linksauslage

- Gehen Sie zunächst in die Grundstellung für die Linksauslage.
- Schlagen Sie nun abwechselnd 10-mal die linke Gerade und 10-mal die rechte Gerade – jeweils 3-mal für 1 Minute.
- Dazwischen machen Sie immer 1 Minute Pause und lockern die Muskulatur durch Ausschütteln der Arme.

Linke Gerade – rechte Gerade

Fight

Keine Angst, es wird Ihnen nichts Unangenehmes passieren – im Gegenteil. Sie kombinieren nun das, was Sie eben im Workout 2 gelernt haben, mit der passenden Beinarbeit und lernen die Essenz des Boxens, die einzigartige Symbiose aus Schritten und Schlägen – das nennt sich Schattenboxen. Doch vor der Kunst des Luftkampfes lernen Sie das Gehen ganz neu.

Schritt für Schritt geht es nun erst vorwärts und dann rückwärts und dann seitwärts. Der in »Fahrtrichtung« platzierte Fuß macht den Anfang, und der andere folgt im immer gleichen Abstand – so bleibt der Schwerpunkt des Körpers in der Mitte und in der Balance. »Das Wichtigste beim Boxen ist die Koordination«, sagt Coach Michael Timm, und er muss es schließlich wissen, betreut er neben mir noch viele weitere Weltmeister. Fast wie im Tanzkurs, eins, zwei, drei, vorwärts, rückwärts, Sidestep.

Vor sich haben Sie einen imaginären Gegner, und der macht alles außer stillzustehen. Deshalb müssen Sie sich bewegen, damit Sie treffen und selbst nicht getroffen werden. Flinke Füße sind extrem wichtig, ich mag Speed und bin im Ring meist recht flott unterwegs. Mit der Zeit kommt auch bei Ihnen die Schnelligkeit, jetzt geht es um die Koordination der Füße, die genaue Position der Hände folgt beim WINNER (siehe Seite 102ff.).

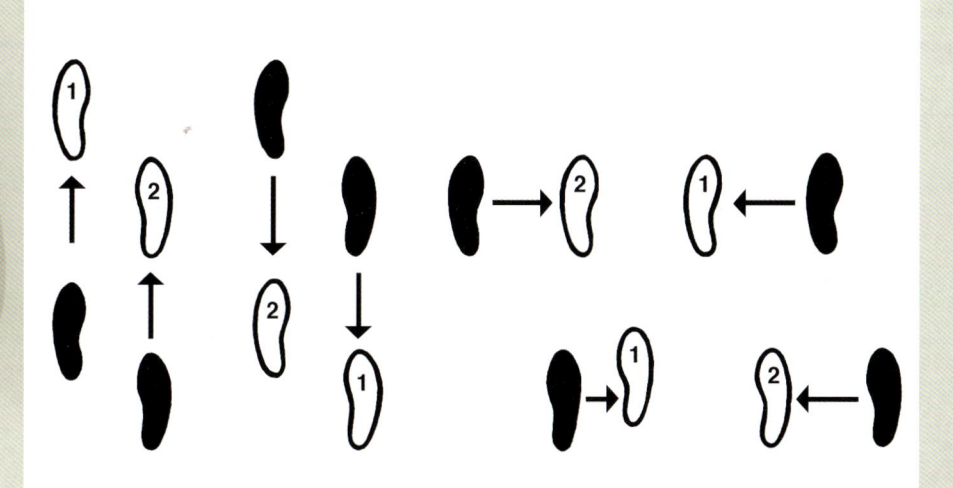

**Fortbewegung schreitend-gleitend
nach vorn, hinten, rechts und links**

Fight

vor   zurück

- Gehen Sie 1 Schritt vor, 2 zurück und wieder 1 vor. Dann machen Sie 1 Schritt nach rechts und 2 Schritte nach links und wieder 1 Schritt nach rechts – und Sie stehen genau dort, wo Sie gestartet sind.
- Immer der richtungsnächste Fuß macht den ersten Schritt, der andere Fuß rutscht nach. Damit vermeiden Sie ein Kreuzen der Füße, was leicht zum Stolpern führen würde.
- Diese Übung machen Sie 3-mal für 1 Minute und zwischendurch 30 Sekunden Pause.

links zur Seite vor   rechts zur Seite zurück

Cool-down

Jetzt haben Sie richtig was geleistet und fahren das System langsam herunter. Eine Möglichkeit ist das lockere Auslaufen oder eine Runde auf dem Ergometer – etwa 8 bis 10 Minuten bei einem Wohlfühlpuls und einer Herzfrequenz von 160 minus Ihres Alters (z. B. 160–30 = Puls 130). Die Entspannung steht dabei im Vordergrund. Dann schütteln Sie Arme und Beine aus und beginnen mit einer kleinen Eigenmassage der Beine, der Schultern und der Arme. Das regt den Lymphfluss an und beschleunigt den Mülltransport aus dem Körper.

Während der Workouts rast zwar das Blut durch die Adern, liefert Nährstoffe und Sauerstoff und nimmt aus der Matrix jede Menge Abfall wieder mit, doch das Lymphsystem reagiert eher träge. Und nach den Anstrengungen hat sich einiges an Stoffwechselprodukten und Zellschrott angesammelt, und das Zeug muss flott aus dem Körper raus, im Sinne einer zügigen Regeneration. Streichen Sie zum Herzen und kneten Sie die Muskeln vorsichtig. Denken Sie auch an Ihre Füße und Hände. Die haben Großes geleistet und freuen sich nun über die Pflege. Dann drehen Sie die Hähne auf und tauchen ab in die Wanne oder lassen es in der Dusche ordentlich dampfen. Natürlich nicht zu heiß, das strengt den Körper wieder an. Danach essen Sie gut und gehen zeitig zu Bett. Warum? Das lesen Sie auf Seite 71ff.

- Setzen Sie sich hin und massieren Sie Ihre Muskeln für 5 Minuten: Zunächst die Beine, dann die Schultern und die Arme. Füße und Hände nicht vergessen!
- Kneten Sie die Muskeln sanft durch, das entspannt und fördert den Stoffwechsel. Streichen Sie die Muskulatur immer zum Herzen hin.

Eigenmassage

RUNDE 2
ERNÄHRUNG

Trinken – das A und O

Bei dem Wort Nahrung denken die meisten Menschen vor allem ans Essen, doch wir lenken den Fokus erst einmal auf das Wasser und den Durst. Der Wasserhaushalt ist sensibel, und da Sie während des Workouts wahrscheinlich viel geschwitzt haben, muss das Wasser wieder rein. Wasser ist das wichtigste Element im Körper, zumal der zu 55 bis 65 Prozent aus Wasser besteht.

Darum ist Trinken unerlässlich, und das nicht erst nach dem Workout, sondern über den ganzen Tag verteilt. Sie trinken täglich am besten zwei Liter Wasser, dann sind Sie gut versorgt. Jede Stunde ein Glas Wasser, und Sie bewegen sich im grünen Bereich. Deshalb lernen Sie nach dem Gehen jetzt das Trinken. Ich musste mich auch daran gewöhnen, doch ich fühle mich besser, wenn die Speicher gefüllt sind.

Wundermittel Wasser

Wasser erfüllt die verschiedensten Aufgaben: Das Gehirn arbeitet konzentrierter, die Haut und die Muskeln sind fester. Es reguliert u. a. auch den Blutdruck, die Verdauung, und es löst die für den Körper wichtigen Baustoffe. Richtiges Trinken hat größten Einfluss auf Ihr Wohlbefinden, denn es ist die nachhaltigste Ernährungsumstellung. Die Betonung beim Trinken liegt allerdings auf Wasser, denn Kaffee oder Colagetränke haben den Effekt, dass sie dem Körper eher Wasser entziehen.

Zucker und Salz für raschen Wassertausch

Für eine schnelle Energiezufuhr ist Zucker im Getränk von Vorteil, allerdings verlangsamt zu viel Zucker die Passage durch den Magen. Kaltes Wasser gelangt schneller in den Organismus als süße Säfte. Im Darm angekommen, beginnt die Verdauung, und dort gilt das Gesetz der Osmose, und dieser Wassertausch wird begünstigt von Zucker und dem Mineralstoff Natrium – auch bekannt als Kochsalz. Damit das Wasser aus dem Darm zügig im Blut landet, helfen besonders Zucker und Natrium. Ist ein Getränk jedoch zu süß, geschieht genau das Gegenteil: Der Körper muss für die Verdauung mehr Wasser im Darm bereitstellen und das fehlt dann dem fließenden Prozess der Energieversorgung. Die Leistung nimmt weiter ab.

Mineralien & Co.

Neben Natrium sollten Sie noch darauf achten, dass Ihre Versorgung mit Magnesium, Kalzium und Kalium stimmt, ganz besonders im Interesse Ihrer Muskeln. Denn bei den Tausenden von intensiven Kontraktionen leisten die Zellen Gewaltiges, ob beim Springen oder Boxen. Magnesium beugt Krämpfen vor, Kalzium brauchen Sie für feste Knochen, Natrium und Kalium machen die Zellen flott, um nur einige Aufgaben zu nennen. Eisen wollen wir dabei natürlich auch nicht vergessen (u. a. für den gesamten Energiestoffwechsel) und wenn wir schon beim Heavy Metal sind, nehmen wir noch Zink und Chrom (für flotten Stoffwechsel) hinzu – und für die Entgiftung Selen.

»Bodycheck«

Wenn Sie wissen wollen, ob Ihnen etwas fehlt, dann macht der Doc ein großes Blutbild und checkt die Werte. Das kombinieren Sie mit der sportmedizinischen Untersuchung, Stichwort EKG (siehe Seite 27). Und danach kaufen Sie vielleicht mit etwas mehr Bedacht ein – Obst und Gemüse sollten immer auf dem Speiseplan stehen. Darin sind alle Mineralien und Spurenelemente enthalten. Und ein

Ihr täglicher (Trainings-) Begleiter: Am Abend muss die Flasche leer sein!

paar Vitamine außerdem. Die finden Sie allerdings auch noch in anderen Lebensmitteln.

Vitamine

Bei den Vitaminen unterscheidet man die fett- und die wasserlöslichen. Die fettlöslichen A, D, E und K essen Sie z. B. mit Fisch, Fleisch, Eiern und Ölen, genauso die wasserlösliche Vitamin-B-Bande: Eier, Leber, Fisch und Fleisch sind dafür perfekte Quellen – eben nicht nur das obligatorische Obst und Gemüse, an das die meisten zuerst denken. Vitamine begegnen Ihnen in allen frischen Lebensmitteln und Ihre Aufgabe ab heute besteht darin, möglichst abwechslungsreich zu essen, je bunter desto besser.

Basisplan

Jeden Morgen nehmen Sie sich eine Flasche mit zwei Litern Inhalt und markieren darauf von oben nach unten Ihren Zeit- und Trinkplan: 8 Uhr, 10 Uhr, 12 Uhr usw. Am Ende des Tages muss die Flasche leer sein, und am Ende der Woche stapeln sich sieben leere Flaschen in Ihrer Küche. Dann war es für Sie auf jeden Fall eine gute Woche, was das Trinken betrifft. So ähnlich verfahren Sie auch mit den Vitaminen: Jeden Tag einen Apfel, das ist Pflicht, und eine Kiwi und eine Banane. Das geht immer und besonders gut im Mixer: Obst rein, Saft dazu und richtig quirlen – diese geballte Ladung Gesundheit gönnen Sie sich zum Essen.

RUNDE 3
REGENERATION

In der (Nacht-)Ruhe liegt die Kraft!

Bevor Sie gleich schlafen gehen, werfen wir noch einen Blick auf das, was Sie eben angerichtet haben – Ihren ganz persönlichen Hormoncocktail. Die oberste Hormoninstanz im Körper heißt Hypothalamus, sie reguliert die Bedürfnisse wie Schlaf und Appetit mit dem agilen Serotonin aus der Zirbeldrüse, dazu noch Gefühle wie Lust oder Wut.

Harmonie für Hormone

Kommt der Körper in Wallung, macht der Hypothalamus mobil und veranlasst über die Hypophyse die Ausschüttung weiterer Hormone. Das geschieht durch Botenstoffe in den entsprechenden Zieldrüsen oder direkt im Alleingang mit dem selbst produzierten Schmerztöter und Aufputscher namens »Endorphin« sowie dem körpereigenen Universalgenie: dem Wachstumshormon. Das erledigt alle Reparaturen prompt und sofort. Mit dabei sind bei Männern auch die Keimdrüsen, die Hoden. Sie stellen verstärkt Testosteron her, das dient der Zunahme von Muskelmasse und steigert auch die Liebeslust. Was natürlich wieder den Schlaf rauben kann. Aber auch gleichzeitig sehr entspannend wirkt.

Die Schilddrüse erhält die Order und schickt die Hormone T3 und T4 auf den Weg, sie steigern sowohl den Fettabbau als auch den Knochenaufbau, fördern die Wärmeentwicklung im Körper

> Wenn Sie groß und stark werden wollen, dann gehen Sie bitte vor drei Uhr nachts ins Bett und stehen erst acht Stunden später wieder auf. Der Schlaf nimmt eine Schlüsselfunktion ein, und nach der Nachtruhe sollte die beanspruchte Muskulatur weiter geschont werden, zwischen 24 und 48 Stunden, abhängig immer von der Intensität des Trainings und Ihrer Fitness.

und erhöhen den Sauerstoffverbrauch. In den Nebennieren rüsten sich Adrenalin und Kortisol und beginnen mit dem Fettabbau im Gewebe, wodurch mehr freie Fettsäuren ins Blut gelangen und von dort in die Mitochondrien der Zellen. Wo auch das Insulin aus der Bauchspeicheldrüse andockt mit seiner Glukoseladung für die Energiegewinnung in den Muskeln.

Kortisol-Know-how

Mit dem Kortisol ist das so eine Sache – wenn die Belastung länger als eine Stunde dauert, wirkt das Hormon katabol, was bedeutet, es baut dann das Eiweiß der Muskulatur ab, und das ist kontraproduktiv. Marathonläufer kennen diesen Effekt, und wenn sie sich nicht entsprechend versorgten, würde der Körper massiv unter der Anstrengung leiden. Doch auch beim Fernsehen kann es durch ein erhöhtes Stresslevel zur einer verstärkten Kortisolausschüttung kommen, und auf Dauer lässt der Stress einen schneller dick werden: Die verschobene Kortisolachse beeinträchtigt den Schlaf, das wiederum bremst das Wachstumshormon aus, nötige Reparaturen finden nicht statt, die Muskulatur nimmt weiter ab – darum ist die Zeit der Regeneration so wichtig.

Fragen Sie die Chronobiologen, warum Schlaf so wichtig ist; ich sage Ihnen, warum er über Erfolg oder Misserfolg Ihres Trainings entscheidet: Ein intensives Workout beansprucht Muskelzellen und hinterlässt eine riesige Baustelle. Der Körper aber duldet so ein Chaos nicht und wartet auf den Moment, in dem er die Bautrupps endlich an die Stätten der gestörten Ordnung senden kann. Diesen Nachbrenneffekt müssen Sie unbedingt nutzen; Fettabbau im Schlaf ist ein Geschenk der Natur, das Sie dankend annehmen sollten.

Fit im Schlaf

Das Programm ist genial: Sie ruhen sich aus, und Ihr Körper räumt auf. Der Zellschrott wird abtransportiert, neue Zellen werden aufgebaut. Damit aber das Wachstumshormon den Job machen kann, müssen Sie lange genug weg sein und sich zeitig hinlegen – möglichst lange vor drei Uhr nachts und möglichst immer um dieselbe Zeit.

Natürlich klappt das nicht immer, aber trotzdem ist es einen Versuch wert, und am nächsten Morgen werden Sie sich wundern, wie fit Sie sind. Je mehr der kostbaren Tiefschlafphasen Sie mitnehmen, desto mehr kann sich der Körper erholen, auch das Immunsystem profitiert davon.

Zum Schlaf habe ich ein inniges Verhältnis: Vor einem Kampf kann ich mich sogar schlafen legen, damit habe ich gar kein Problem. Ganz im Gegenteil: Vor dem Duell gegen Oscar de la Hoya hätte ich fast meinen Auftritt verpennt. Ich weiß nicht warum; vielleicht wählt die Anspannung bei mir einen anderen Weg. Auf jeden Fall bin ich ziemlich ausgeschlafen in den Kampf gegangen, nur waren wir alle nicht ausgeschlafen genug, um zu verstehen, wie Boxen in den USA funktioniert. Doch ich habe meine Lektion gelernt und werde den Fehler nicht wiederholen – und dann auch einen Wecker stellen.

Der muskuläre Reparaturprozess im Schlaf ist wiederum Teil der »Superkompensation«, davon habe ich Ihnen bereits erzählt. Dieser Mechanismus addiert alle durch Training provozierten Anpassungen des Körpers und macht ihn so fit für die nächste Herausforderung.

RUNDE 4
PSYCHE

Ihr Ziel als Motivator

Gratulation – Sie haben etwas Neues begonnen und verdienen großen Respekt. Das erste Mal wird immer begleitet von gemischten Gefühlen: Auf der einen Seite dominiert die Euphorie, auf der anderen Seite lauert der Zweifel, ob Sie wirklich alles schaffen werden. Damit Sie die Gunst der Stunde nutzen können, setzen Sie sich realistische Ziele. Unsere Programme sind so aufgebaut, dass wir von Ihnen nichts Übermenschliches verlangen. Das wäre völliger Unsinn, aber oft scheitern gute Vorsätze an banalen Dingen.

Organisieren Sie sich
Natürlich wird die Anfangseuphorie irgendwann verflogen sein. Zwar versuchen wir mit den Programmen alles, um Sie bei Laune zu halten, doch manchmal ist die Tragik des Alltags einfach stärker, und das Training muss ausfallen. Bleiben Sie ganz locker, es bringt gar nichts, wenn Sie sich gegen Ihren Terminplan zum Training zwingen. Das hektisch absolvierte Workout wird wenig Freude bereiten und eventuell woanders noch mehr negativen Stress produzieren. Das wollen wir ja gerade vermeiden, und dafür habe ich für Sie einen kleinen Handlungsplan: Organisieren Sie Ihr Training. Machen Sie wirklich fixe Termine, drei in der Woche, an denen Sie sich das Springseil schnappen und starten und für nichts anderes Zeit

Wie heißt Ihr Ziel, was wollen Sie erreichen? Weltmeisterfitness?
Die können Sie haben, doch zuvor stellen Sie sich eine Frage: Was könnte Sie auf dem Weg dorthin alles bremsen? Beantworten Sie diese Frage bitte ganz ehrlich, am besten gleich aufschreiben: keine Lust, keine Zeit, zu müde usw. Das Ziel benennen Sie so, dass es für Sie gleichzeitig der größte Motivator ist. Das bedeutet, dass es wirklich aus Ihrem Herzen kommen muss, nicht weil es die Freunde toll finden oder es gerade hip ist. Belohnungen von außen funktionieren eine Weile, sind dann aber nur Mittel zum Zweck, und wir suchen hier den puren Selbstzweck, Egoismus in Reinkultur. Was wünschen Sie sich, und wie kann Fitnessboxen Ihnen dabei helfen? Beim CHAMP werde ich Sie wieder fragen, dann hat sich Ihre Sicht bestimmt schon verändert, weil Sie mindestens seit sechs Wochen dabei sind.
Mein Motivator ist der Spaß am Sport und der Wunsch, Weltmeister aller Verbände zu sein.

haben. Das hat nichts mit Egoismus zu tun, sondern mit eigenverantwortlicher Gesundheitsprophylaxe. Also: Jedes Training ist der Ausdruck von Vernunft und Intelligenz – auch Kant wäre Fan des Fitnessboxens.

Jede Gelegenheit nutzen

Wenn es einmal eng wird mit Familie und Beruf, dann splitten Sie die Workouts: Ein paar Schritte und Schläge können Sie überall machen. Tür zu, Jacke aus und anfangen. Dauern die Konferenzen ewig, Fäuste ballen und lösen, das kräftigt die Muskulatur der Hände und Unterarme. Dazu den Bauch einziehen beim Ausatmen und die Luft für einen Moment anhalten. Schauen Sie sich die Anwesenden genau an, lernen Sie die Körpersprache und reflektieren Sie immer wieder die eigene Haltung. Je öfter Sie sich erinnern, wie Sie selbst sitzen und stehen sollten, desto leichter fallen die Korrekturen.

Lernen Sie sich kennen

Lassen Sie keine Gelegenheit aus, sich selbst zu erforschen. Diese Form der Wahrnehmung fehlt vielen, und dabei ist sie so wichtig, um auch anderen gegenüber Sensibilität aufzubringen. Ich muss im Ring meinen Gegner lesen, um ihn zu besiegen. Als Fitnessboxer lesen Sie zu Anfang dieses Buch, dann lesen Sie sich selbst, und später helfen Sie anderen auf dem Weg zum Ziel.

Wenn Frauen sich trauen und hauen ... Millionen von Kinobesuchern sahen vor einigen Jahren den oscargekrönten Hollywoodstreifen »Million Dollar Baby«, lebten und litten mit Hauptdarstellerin Hilary Swank und liebten die von ihr verkörperte Kämpferin Maggie Fitzgerald. Die so wunderbar stur auf den Sandsack eindrosch, bis der Coach und »Boss« Clint Eastwood endlich ein Einsehen hatte und sich ihrer annahm – wirklich ganz großes Kino.

Dass aber die besten Geschichten das Leben selbst schreibt, zeigt die Karriere von Regina Halmich, gelernte Rechtsanwaltgehilfin und ungeschlagene Weltmeisterin im Fliegengewicht. Die kleine große Dame des deutschen Boxsports hat so lange gefightet, bis sie eines Samstagabends im Sommer 2004 endlich die Hauptkämpferin war, die nicht länger im Vorprogramm der Herren antreten musste. Die Sportwelt nahm nun verstärkt Notiz von den boxenden Frauen, und der Boom begann. Oder ging weiter; auf jeden Fall füllten sich die Turnhallen wieder, und die

Trainer in den Vereinen machten große Augen, als immer mehr junge Frauen mit Boxhandschuhen in der Tasche zur Trainingsstunde kamen. Was mittlerweile auch schon wieder Geschichte ist: Frauen im Boxclub oder Verein sind das Natürlichste der Welt und haben den Boxsport in Deutschland wahrscheinlich vor dem Aussterben bewahrt.

Meinem Boxstall sei Dank haben Frauen in Deutschland heute beim Profiboxen die gleichen Chancen und Rechte wie die Männer. Das war damals eine ganz wichtige Entscheidung und wegweisende Entwicklung: Regina Halmich und Daisy Lang machten den Anfang; heute geben meine Stallgefährtinnen international den Ton an: Julia Sahin, Ina Menzer (Federgewicht) und Alesia Graf (Junior-Bantamgewicht). Und auch

FRAUEN-BOXEN

Stefan Raab hat kein geringes Opfer gebracht, damit die boxenden Frauen noch populärer wurden in Deutschland. Im Jahr 2001 war er wirklich so verrückt und forderte als »Killerplauze« getarnt tatsächlich Regina Halmich heraus. Sie boxte souverän, mit spektakulären Attacken ließ sie keinen Zweifel daran, wer die Chefin im Ring war. Und der Treffer, mit dem sie Stefan die Nase brach, der war schon olympiareif. Aber boxende Frauen müssen wohl weiter auf olympische Medaillen warten – bislang vereiteln das noch die weisen und greisen Männer in Lausanne.

Aber ganz unabhängig von der Olympiadiskussion hat sich das Frauenboxen längst etabliert – und wer möchte, die kann. Durch die Auftritte der Boxerinnen im Fernsehen hat sich auch das Frauenbild in der Öffentlichkeit gewandelt: Frauen können fighten und sich bei Bedarf selbst helfen – und Frauen können schlagen und jeden schlagen, was Regina eindrucksvoll demonstriert hat. Frauen können sich nach oben kämpfen wie Männer, sie sind genauso aggressiv und können diese Aggressivi-

tät ebenso zum Ausdruck bringen, indem sie sich z. B. an einem Sandsack abreagieren. So betrachtet ist Fitnessboxen ein idealer Sport für Frauen. Gut fürs Karma und gut für die Figur, gut fürs Selbstbewusstsein und gut für die Verdauung. Die reine Form der Frauenpower.

Darum nehmen Sie sich ein Herz, wenn mein Buch Sie auf den Geschmack gebracht hat, und machen Sie den ersten Schritt in ein Gym. Wenn Sie keine Lust mehr haben auf die Hupfdohlen im Kurs, das Schaulaufen zwischen den Kraftgeräten nervt und Sie für Golf einfach noch zu jung sind, dann packen Sie endlich Ihre Siebensachen: Hemd, Hose, Schuhe, Handtuch, Springseil, Bandagen und Boxhandschuhe. Sie werden sich wundern, wer schon alles da ist und wie schnell Sie lernen, wie höflich der Umgangston ist und wie diszipliniert alle trainieren. Plötzlich sind Sie Fitnessboxerin. Das ist anfangs vielleicht ein komisches Gefühl, doch es wird Sie stolz machen, weil Sie sich in eine vermeintliche Männerdomäne getraut haben und Ihr Wagnis mit un-

glaublicher Fitness belohnt wird. Hilary Swank hat sich übrigens drei Monate lang intensiv vorbereitet auf die Rolle der Marry Fitzgerald, täglich trainiert – und das Resultat war ebenfalls oscarwürdig. So einen Preis haben Sie sich natürlich auch verdient!

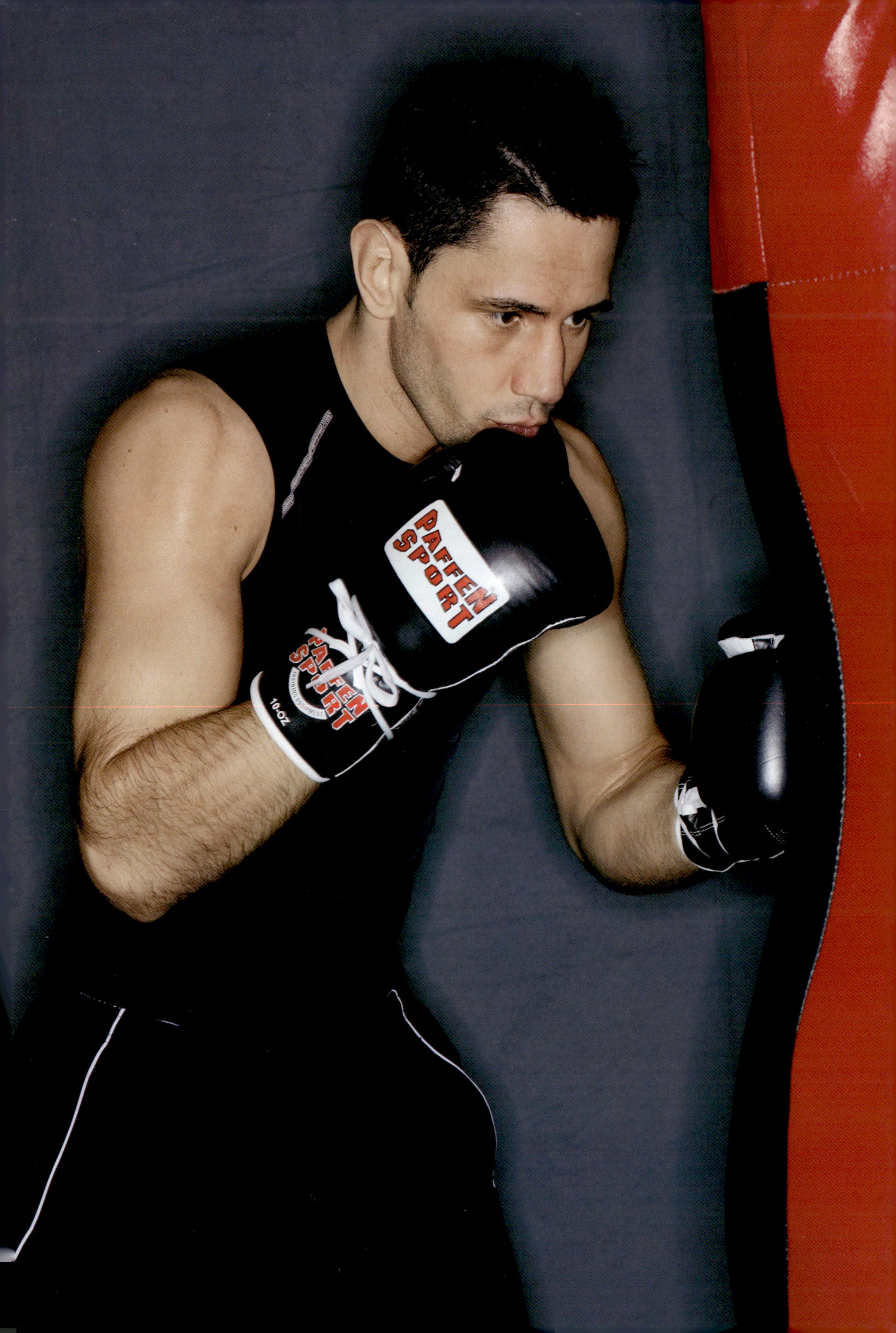
PAFFEN SPORT
PAFFEN SPORT
10-OZ

PROGRAMM 2
WINNER

Die nächsten vier Runden

Auf dem Weg zum WINNER warten vier Runden mit neuen spannenden Elementen auf Sie. Nach dem Warm-up üben Sie wieder einen Zirkel mit 6 Übungen, die Sie richtig fordern werden, denn Sie trainieren jetzt in längeren Intervallen. Auch das Repertoire an Schlägen wird größer: zu Beginn, als ROOKIE sind Sie immer auf Distanz geblieben, doch nun trauen Sie sich ganz nah an den Gegner und hauen heftige Haken. Der Infight oder Nahkampf funktioniert natürlich nur, wenn die Füße flink sind und der Oberkörper entsprechend geschmeidig ist, damit er Angriffen ausweichen und Treffer vermeiden kann.
In den Theorierunden geht es wieder um Ernährung, Regeneration und Psyche. Dadurch lernen Sie sich noch besser kennen. Auch unabhängig vom Fitnessboxen – denn Boxen ist ein extrem komplexer Sport und kennt nur Gewinner oder Verlierer. Wenn ich auf die Bretter gehe und einen schlechten Tag habe, dann bin ich der Loser. Und das für Monate. Im Moment des Geschehens kann man auf diese Erfahrung gern verzichten, doch im Nachhinein erweist sie sich als enorm wichtig – ich weiß, dass ich dadurch gereift bin. Dazu mehr in den Runden 6, 7 und 8, in denen es um das »Maßhalten« geht – weil die Kunst darin besteht, für alles das richtige Maß zu finden. Damit das Ganze mehr ist als die Summe seiner Teile. Und los geht's!

RUNDE 5
TRAINING

Warm-up

Schon wieder Seilspringen? Genau das, denn es gibt nichts Besseres. Ich hoffe sehr, dass Sie noch Freude am Seil haben und Ihre kräftigen Waden, Füße und Schultern und der lange Atem meine Aufforderung bestätigen. Wir erhöhen nun ein wenig die Frequenz. Je flotter das Seil schwingt, desto zügiger folgen die Füße. Sechs Minuten springen Sie ganz gelassen und dann ziehen Sie mit dem Tempo an. Dafür gibt es zwei Varianten: Entweder die Füße gehen abwechselnd in die Höhe (Skippings), oder Sie springen mit beiden Füßen etwas höher und jagen das Seil zweimal unter den Sohlen durch. Skippings sind eine gute Methode, um die Kraft in den Beinen zu stärken, doch legen Sie dabei Wert auf einen moderaten Start. Heben Sie anfangs die Knie nur wenig und steigern Sie sich vorsichtig. Dient das lockere Seilspringen der Grundlagenausdauer I (zwischen 70 und 80 Prozent der maximalen Herzfrequenz), so zielt die dynamischere Version auf die Grundlagenausdauer II (ab 80 bis 90 Prozent der maximalen Herzfrequenz). Alternativ zum Seilspringen können Sie auch ein- oder zweimal langsam um den Block laufen – und wenn Sie das nicht mehr fordert, ein paar kleine Sprints einbauen. Solche Trainingsintervalle reizen Herz und Kreislauf ebenfalls zur Anpassung. Und darauf kommt es an: den Körper stetig neu zu fordern.

- Springen Sie erst 2-mal 3 Minuten locker. Dazwischen machen Sie 1 Minute Pause.
- Dann machen Sie mit den Skippings für 3 Minuten weiter. Schlagen Sie das Seil dabei so zügig, dass Sie auf der Stelle laufen, die Knie ziehen Sie hoch.
- Statt der Skippings können Sie auch in Intervallen springen: 10 Sekunden schnell und 10 Sekunden ruhig im steten Wechsel – 1 Minute lang. Dann 20 zu 10 für 1 Minute und zum Finale 60 Sekunden richtig schnell.

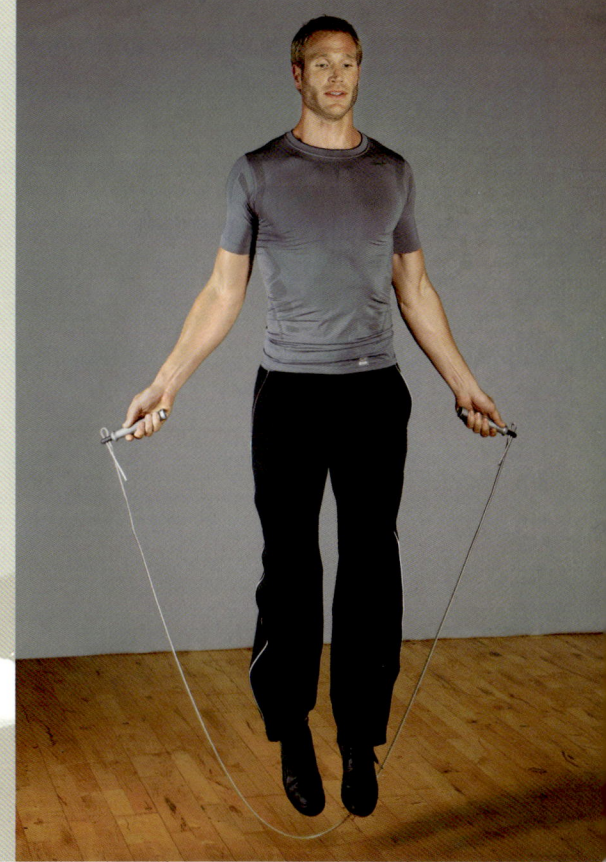

Skippings sind das Synonym für Kraftausdauer. Starten Sie langsam, erhöhen Sie nach und nach die Geschwindigkeit.

Der Doppelschlag ist schon ein wenig Show, zugegeben, aber eine gute. Deshalb: Arbeiten Sie daran.

Workout 1

Die folgenden 6 Übungen sind eng verwandt mit denen des ROOKIE-Programms, doch sind sie schwerer und dauern etwas länger. Zudem sind sie dynamischer und arbeiten mit unterschiedlichen Bewegungsamplituden. Es kann also passieren, dass es in den Muskeln brennt und Sie lieber aufhören würden. Das kann ich verstehen – aber stoppen Sie die Übung erst, wenn die Zeit wirklich um ist. Das ist der Deal. Denn Schmerz ist nur ein Gefühl, es tut kurz weh, aber es passiert nichts.

Der neue Zirkel funktioniert prinzipiell wie der alte: Die 6 Übungen gibt es in 3 Varianten, und die Trainingszeit ändert sich ebenfalls 3-mal. Als Routinier des Krafttrainings beginnen Sie diesmal mit 90 Sekunden im leichten Modus, steigern sich im Mittelfeld auf 120 Sekunden und finishen als WINNER mit 150 Sekunden pro Übung in der schweren Variante. Mehr ist nicht nötig; danach werden alle Muskeln leicht brennen und brauchen eine kleine Pause, bevor es weitergeht. Denn neben dem Umfang des Trainings haben wir auch die Häufigkeit ein wenig erhöht: Sie sollten nun 3- oder 4-mal in der Woche trainieren. Läuft alles nach Plan, absolvieren Sie in den 6 Wochen genau 24 Einheiten; wenn Sie nur 3-mal in der Woche fürs Training Zeit haben, dann sind Sie mit 8 Wochen dabei, und auch das ist eine Superzeit für zügige Fortschritte.

WINNER-Trainingsplan

Warm-up	Wiederholungen	Pause	Dauer
Seilspringen Varianten	3-mal 3 Min.	1 Min.	11 Min.

Workout 1	24 Trainingseinheiten Variante 1: 4-mal pro Woche/6 Wochen		Variante 2: 3-mal pro Woche/8 Wochen
Übung 1–2 Durchgänge	**Zyklus A 90 Sek.**	**Zyklus B 120 Sek.**	**Zyklus C 150 Sek.**
1 Für die Beine I	Squat am Ball statisch/dynamisch	Squat am Ball mit Hanteln statisch/dynamisch	Squat am Ball mit Hanteln statisch/dynamisch
Pause	60 Sek.	60 Sek.	60 Sek.
2 Für die Beine II	Ausfallschritt mit Hanteln · Tempo 2:2	Ausfallschritt mit Hanteln · Tempo 4:4	Ausfallschritt mit Hanteln · Tempo 3:1
Pause	60 Sek.	60 Sek.	60 Sek.
3 Für den Bauch	Bauchstütz statisch	Crunches auf dem Ball	Crunches auf dem Ball mit Hanteln
Pause	60 Sek.	60 Sek.	60 Sek.
4 Für den Rücken	Hyperextension dynamisch	Hyperextension dynamisch	Hyperextension dynamisch
Pause	60 Sek.	60 Sek.	60 Sek.
5 Für die Schultern	Seit-/Frontheben und Armkreisen	Seit-/Frontheben und Armkreisen	Seit-/Frontheben und Armkreisen
Pause	60 Sek.	60 Sek.	60 Sek.
6 Für die Arme	Bizeps-Curls und Trizepsdrücken mit Hanteln	Bizeps-Curls und Trizepsdrücken mit Hanteln	Bizeps-Curls und Trizepsdrücken mit Hanteln

Workout 2	Wiederholungen	Pause	Dauer
Haken Varianten	Jeweils 10-mal links/rechts im Wechsel, 5-mal 1 Min.	1 Min.	9 Min.

Fight	Wiederholungen	Pause	Dauer
Passgang, Diagonalgang/Haken im Kreis	3-mal 1 Min.	1 Min.	5 Min.

Cool-down	Wiederholungen	Pause	Dauer
Laufen/Ergometer Yoga	- 2-mal 1 Min.	- 1 Min.	8–10 Min. 3 Min.

- Sie nehmen den Gymnastikball und klemmen ihn zwischen unteren Rücken und eine Wand.
- Nun machen Sie 15 Sekunden lang Kniebeugen (Bild 1). Dabei senken Sie den Po möglichst tief, sodass die Unterschenkel fast im rechten Winkel zum Boden sind.
- Dann halten Sie die tiefe Position für 15 Sekunden.
- Diesen Wechsel zwischen dynamischem und statischem Training wiederholen Sie für 90 Sekunden.

A

Workout 1 · Übung 1

Für die Beine I

86

Squat am Ball
statisch/dynamisch
90 Sekunden

- Nehmen Sie in jede Hand eine Kurzhantel (Bild 2).
- Trainieren Sie, wie bei A beschrieben, aber für 120 Sekunden.

B

- Sie üben, wie bei B beschrieben (Bild 2) – insgesamt 150 Sekunden lang.
- Einen Zusatzeffekt erzielen Sie, wenn Sie die Hanteln in den Fingern auf und ab rollen: Das kräftigt Finger und Unterarme.

C

Squat am Ball mit Hanteln
statisch/dynamisch
120 Sekunden · 150 Sekunden

- Sie stellen sich gerade hin und nehmen in jede Hand eine Kurzhantel, die Arme lassen Sie hängen.
- Jetzt machen Sie für insgesamt 90 Sekunden Ausfallschritte mit dem linken und rechten Bein im Wechsel (Bild 1).
- Dabei haben Sie 2 Sekunden Zeit für den Schritt nach vorn und 2 Sekunden für den Schritt zurück.

A

Workout 1 · Übung 2

Für die Beine II

**Ausfallschritt mit Hanteln,
Tempo 2:2
90 Sekunden**

B
- Trainieren Sie die Ausfallschritte, wie bei A beschrieben (Bild 1).
- Doch jetzt dauern die Schritte nach vorn und zurück jeweils 4 Sekunden.
- Sie absolvieren die Übung mit einer Gesamtdauer von 120 Sekunden fast in Zeitlupe, setzen den Fuß dabei weit vorn auf und senken dann den Oberkörper langsam ab.

C
- Trainieren Sie, wie bei A beschrieben.
- Allerdings arbeiten Sie jetzt mit 2 unterschiedlichen Phasen: Für den langsamen Ausfallschritt nach vorn lassen Sie sich 3 Sekunden Zeit (Bild 1).
- Beim Schritt zurück stoßen Sie sich mit dem vorderen Fuß in 1 Sekunde kraftvoll ab (Bild 2).
- Wiederholen Sie diese Ausfallschritte für 150 Sekunden.

Ausfallschritt mit Hanteln, Tempo 4:4
120 Sekunden

Ausfallschritt mit Hanteln, Tempo 3:1
150 Sekunden

Workout 1 · Übung 3
Für den Bauch

- Nehmen Sie einen Gymnastikball und legen Sie ihn vor sich auf den Boden.
- Dann gehen Sie für 90 Sekunden in den Bauchstütz: Sie stützen sich mit gestreckten Armen auf den Ball – diagonal zum Boden. Die Arme sind schulterbreit geöffnet. Der Rücken ist gestreckt, Beine und Oberkörper bilden eine Linie, nur die Zehen berühren den Boden.
- Stabilisieren Sie Ihre Position: Je weiter die Füße auseinanderstehen, desto leichter fällt die Übung.

A

Ballstütz statisch
90 Sekunden

B
- Legen Sie sich mit dem Rücken auf den Gymnastikball, den Sie in der Wölbung Ihrer Lendenwirbelsäule platzieren. Die Arme kreuzen Sie über der Brust (Bild 1).
- Machen Sie jetzt Crunches für 120 Sekunden: Dazu heben Sie die Schultern an (Bild 2) und senken sie wieder.
- Sie können die Schwierigkeit dieser Übung variieren: durch die Haltung der Füße (je enger sie stehen, desto schwieriger) und der Arme (leichter: über der Brust gekreuzt; schwieriger: hinter dem Kopf).

C
- Nehmen Sie in jede Hand eine leichte Kurzhantel und legen Sie sich auf den Gymnastikball, wie bei B beschrieben.
- Nun strecken Sie Ihre Arme nach oben aus (Bild1) und machen 150 Sekunden lang Crunches (Bild 2).
- Achten Sie beim Anheben der Schultern darauf, dass die gestreckten Arme nicht nach vorn kippen, sondern senkrecht nach oben zeigen.

Crunches auf dem Ball
120 Sekunden

Crunches auf dem Ball mit Hanteln
150 Sekunden

Workout 1 · Übung 4

Für den Rücken

- Legen Sie sich auf den Gymnastikball, sodass Sie ihn umarmen können (Bild 1).
- Richten Sie sich so weit wie möglich auf und halten Sie diese Position kurz (Bild 2), dann senken Sie den Oberkörper wieder.
- Die Armhaltung entscheidet über den Schwierigkeitsgrad der Übung: Je weiter Sie die Arme seitlich ausstrecken, desto mehr müssen die Rückenmuskeln leisten.
- Trainieren Sie über 90 Sekunden in gleichmäßigem Tempo und vermeiden Sie ruckartige Bewegungen.

A

Hyperextension dynamisch
90 Sekunden · 120 Sekunden · 150 Sekunden

B
- Trainieren Sie, wie bei A beschrieben, 120 Sekunden lang.

C
- Üben Sie, wie bei A beschrieben, für 150 Sekunden.

Workout 1 · Übung 5

Für die Schultern

- Nehmen Sie je eine Kurzhantel in die Hände und stellen Sie sich gerade hin. Die Füße stehen etwa hüftbreit auseinander, die Knie sind leicht gebeugt.
- Jetzt strecken Sie die Arme seitwärts aus und bewegen sie für 30 Sekunden auf und ab (Bild 1).
- Anschließend folgt das Frontheben für 30 Sekunden: Sie bewegen die gestreckten Arme vor Ihrem Körper auf und ab (Bild 2) – entweder parallel oder alternierend. Dabei können Sie die Amplitude nach Belieben verkleinern und das Tempo erhöhen.
- Zum Schluss lassen Sie für 30 Sekunden die Arme kreisen (Bild 3). Auch hier gibt es mehrere Varianten: Sie können die Arme schnell und mit kleiner Amplitude drehen oder weiter ausholen, parallel oder alternierend, vorwärts oder rückwärts.

A

Seit-/Frontheben und Armkreisen
90 Sekunden · 120 Sekunden · 150 Sekunden

- Führen Sie jede der bei A beschriebenen 3 Teilübungen für 40 Sekunden durch.
- In einer weiteren Variante des Fronthebens halten Sie die Arme auf Brusthöhe und kreuzen sie vertikal. Dabei zeigen die Handflächen nach unten — oder nach oben, was die Übung weiter intensiviert.

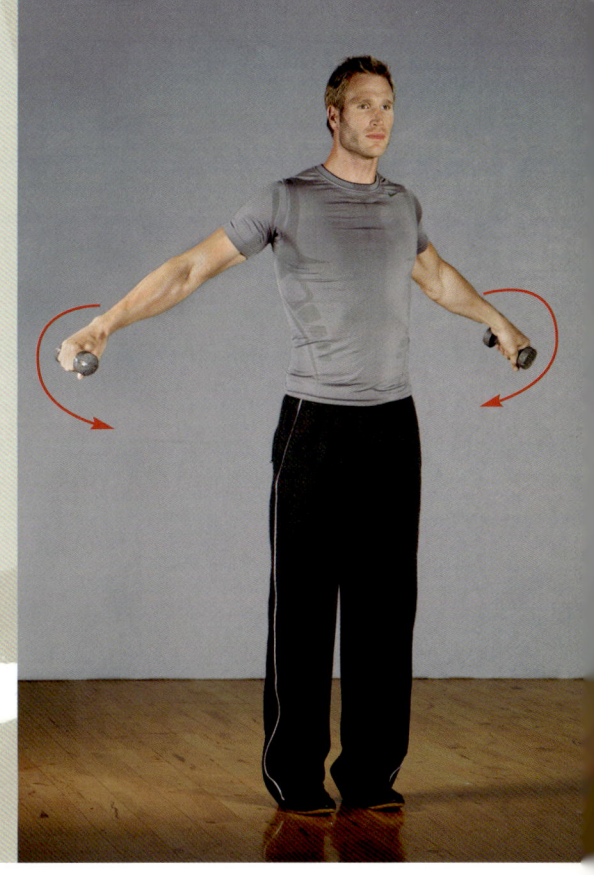

B

- Führen Sie jede der bei A beschriebenen Teilübungen für 50 Sekunden durch.

C

Workout 1 · Übung 6

Für die Arme

- Setzen Sie sich mit etwa schulterbreit geöffneten Beinen auf den Gymnastikball und nehmen Sie in jede Hand eine Kurzhantel.
- Jetzt machen Sie einen Bizeps-Curl, ziehen also die Unterarme nach oben (Bild 1). Dabei sollten die Oberarme möglichst senkrecht bleiben und fest am Körper anliegen.
- Dann heben Sie die Arme weiter an, bringen die Hanteln hinter den Kopf (Bild 2) und strecken die Arme in die Höhe (Bild 3).
- Diesen Bewegungsablauf trainieren Sie für 90 Sekunden.

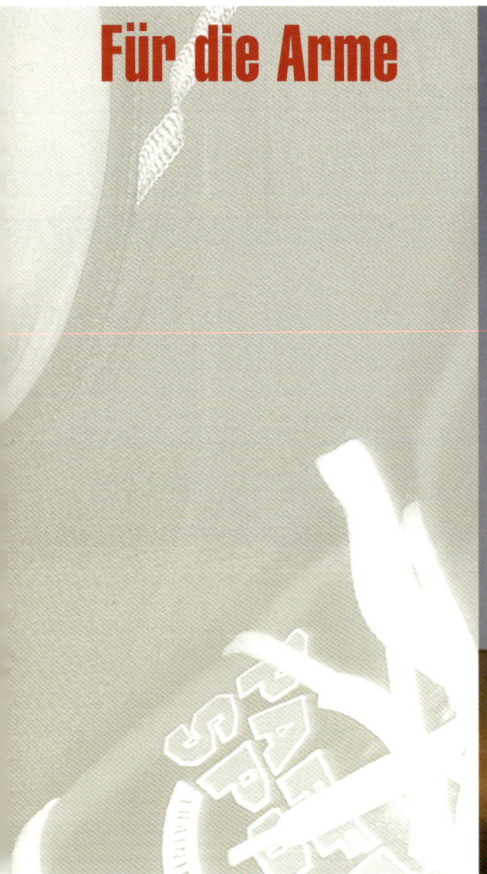

A

Bizeps-Curls und
Trizepsdrücken mit Hanteln
90 Sekunden · 120 Sekunden · 150 Sekunden

B
- Trainieren Sie, wie bei A beschrieben, aber 120 Sekunden lang.
- Als Variante können die Arme auch im Wechsel arbeiten.

C
- Üben Sie, wie bei A beschrieben, jedoch 150 Sekunden lang.
- Sie können dabei das Halten der Hanteln variieren: Wählen Sie zwischen klassischem Kammgriff (die Finger zeigen nach oben), Ristgriff (der Handrücken zeigt nach oben) und Hammergriff (ein Hantelkopf zeigt nach oben).

Workout 2

Bevor Sie die Haken üben, gehen Sie in die neue Grundstellung für die Halb- oder Nahdistanz. Vorher sind Sie immer schön auf Distanz geblieben und haben fast schon aus der Ferne den Gegner bearbeitet, doch jetzt trauen Sie sich nah ran und gehen damit natürlich auch ein höheres Risiko ein, dass Sie selbst getroffen werden. Darum müssen Sie noch schneller sein als zuvor, auf den Füßen und mit den Händen. Wenn Sie sich vor dem Gegner aufbauen, dann stehen die Füße fast parallel, aber nicht zu eng, der Kopf ist eingezogen, die angewinkelten Arme decken die Flanken, die Fäuste den Kopf. So stehen Sie da. Mit einer Geraden können Sie hier nichts bewirken, außer die Deckung öffnen und zum Angriff einladen. Wenn Sie ähnlich wie beim Schach solche Opfer bringen, dann müssen Sie aber wirklich was in petto haben. Wie einen Hammerhaken, und den üben Sie jetzt.

Wozu braucht ein Boxer einen guten Haken? Sie werden meist in der Defensive eingesetzt, um einen Angriff zu kontern. Auch wenn sich die Boxer in den Armen liegen und clinchen, gibt's oft noch ein paar Hiebe von der Seite. Also, wenn Ihnen in Zukunft Ihr Boxsack mal zu nahe kommt, lernen Sie hier, wie Sie ihn wieder zur Räson bringen – nämlich mit Seitwärts- und Aufwärtshaken.

Beginnen wir mit den Haken von der Seite. Die landen entweder am Körper oder Kopf des Gegners – und so wählen Sie auch die Höhe des Aufpralls am Sandsack oder in der Luft. Während sich die Gerade auf dem Weg ins Ziel streckt, kommt der Haken gleich im rechten Winkel um die Ecke, d. h., der Arm und das Handgelenk sind fixiert – Sie könnten das mit einem Gipsarm sehr passabel trainieren.

Die Kraft bekommt der Haken durch die Körperspannung, denn der Rumpf reißt den Arm herum, verstärkt durch die Wucht aus Beinen, Bauch und Rücken. Der Arm ganz allein wäre ziemlich armselig, deshalb macht Konditionstrainer Clive mit Ihnen auch eine Hardcoreübung nach der anderen, für eine ungemein starke Mitte. Die dann auch noch sensationell aussieht, aber das habe ich schon gesagt, dass Fitnessboxen mehrdimensional ist. Und jetzt zum Aufwärtshaken. Ähnliche Geschichte, nur diesmal schießt der angewinkelte Arm vor dem Körper vorn nach oben und dem Kinn des Gegners entgegen. Wer sich dabei aber zu weit vorbeugt und den Arm zu weit beugt, der haut sich unter Umständen selbst aufs Auge. Darum den Arm wieder in den rechten Winkel bringen und bloß nicht nach hinten ausholen, damit gleich jeder sieht, was da kommen soll. Den Körper aufrichten, denn nur aus einer schnellen Streckung gewinnt der Haken seine Kraft.

Mein Angebot an die Schlagwütigen: Da die Haken etwas komplizierter sind, starten Sie langsam, damit die neuen Bewegungen auch wirklich sitzen und im gewünschten Ziel landen. Ganz wichtig ist dabei die Gewichtsverlagerung auf das Standbein unter der Schlaghand – Sie stemmen sich richtig rein, mit dem Ballen des anderen Fußes starten Sie die Rotation und parallel zur Drehung der Hüfte ballen Sie die Finger zur härtesten Faust der Welt. Üben Sie nacheinander die Seitwärtshaken zum Kopf und Körper und natürlich die Aufwärtshaken – das Ganze jeweils von rechts nach links.

Workout 2

Grundstellung Aufwärtshaken

- Sie schlagen Haken – und das mit dem ganzen Körper. Die Kraft des Schlages kommt aus der Rumpfdrehung.
- Beim Aufwärtshaken achten Sie auf Ihre Armhaltung, damit Sie den Boxsack treffen und nicht sich selbst.
- Beim Seitwärtshaken zum Kopf heben Sie den angewinkelten Arm an und reißen ihn mit der Kraft des Körpers herum. Ebenso beim Seitwärtshaken zum Körper: Blitzschnell sackt die Hand herunter und der fixierte Arm boxt in die Flanke.
- Sie trainieren insgesamt 5 Runden à 1 Minute: Jeweils 10-mal links/rechts im Wechsel Aufwärtshaken, 10-mal links/rechts im Wechsel zum Kopf, dann 10-mal links/rechts im Wechsel zum Körper. Anschließend machen Sie 1 Minute Pause und schütteln die Arme aus.

Seitwärtshaken zum Kopf   Seitwärtshaken zum Körper

Fight

Sicherlich schlagen Sie die Geraden und setzen die Füße, dass es ein Traum ist. Ich kann nur sagen: Respekt. Die Dinger sitzen – und jetzt beginnen Sie mit der kombinierten Bein- und Armarbeit.

Für Boxtrainer Michael Timm kann ich gar nicht genug Koordination pauken, und das bedeutet, aus jeder Situation heraus zu schlagen – oder präziser: zu treffen. Viele schlagen am liebsten nur im Vorwärtsgang, das scheint irgendwie natürlicher und von der Verlagerung des Gewichts her einfacher. Weil es aber jeder kann, müssen die anderen Varianten geübt werden, denn nur wer seine Schwächen erkennt und trainiert, der kommt auch voran. Dazu gehen Sie wieder in die vertraute Grundstellung und machen einen Schritt nach vorn: linker Fuß vor und parallel die linke Hand hinterher – Attacke. Im Rückwärtsgang sieht das Ganze etwas anders aus: Der rechte Fuß setzt zurück und die linke Faust saust raus.

Nun kommt die anspruchsvolle Variante; in der Boxsprache ist das der Diagonalgang, und der appelliert an die Kreuzkoordination. Diese Variante stimuliert das Gehirn am meisten, und wenn Sie parallel dazu noch ein Gedicht rezitieren, sind Sie ganz weit vorn. Doch zurück zum Diagonalgang: Wenn Sie mit links vorgehen – und nur mit links –, dann schlägt die rechte Faust zu, und wenn Sie mit rechts zurückgehen, schlägt ebenfalls die Rechte.

- 1 Minute gehen Sie im Passgang 2 Schritte vor und nehmen die linke Gerade mit, dann gehen Sie im Diagonalgang wieder 2 Schritte zurück und schicken die rechte Gerade heraus. Es folgt 1 Minute Pause.
- Nun gehen Sie 1 Minute mit der rechten Geraden im Diagonalgang vor und im Passgang wieder zurück, die linke Gerade schlagend. Wieder 1 Minute Pause.
- Dann bewegen Sie sich für die letzte Minute im Kreis und schlagen Haken in die Luft.

Passgang nach vorn – linke Gerade

Diagonalgang nach vorn – rechte Gerade

Fight

Diagonalgang nach hinten – rechte Gerade

Passgang nach hinten – linke Gerade

Haken schlagen

Cool-down

Nun sind Sie gerade erst so richtig warm geworden – und da ist auch schon wieder Schluss mit lustig. Aber wir wollen es nicht übertreiben, denn nichts zehrt nun mal mehr an den Kräften als unsinniges Verausgaben.
Deswegen kommt jetzt die große Pause, und in zwei Tagen geht es weiter. Für die kleine Pause direkt im Anschluss an Ihr Training zeige ich Ihnen auf der nächsten Seite zwei Dehnübungen, die ich mit etwas Atemtechnik angereichert habe. Denn reine Dehnübungen sind – ganz ehrlich – latent langweilig und auch nicht unbedingt notwendig. Praktisch haben Sie sich eben die ganze Zeit über gedehnt – wenn ein Muskel kontrahiert, entspannt automatisch sein Gegenüber. Dehnen ist insofern sinnvoll, da es natürlich die Beweglichkeit fördert, was aber alle unsere Übungen sowieso machen.
Auch der Fitnessboxer lebt von der Flexibilität und einem langen Atem. Gönnen Sie sich deshalb die paar Minuten nach Ihrem jeweiligen Workout und atmen Sie tief durch. Dabei konzentrieren Sie sich auf das Ausatmen, denn das Einatmen regelt der Körper selbst per Reflex – es kommt automatisch Sauerstoff nach. Damit die verbrauchte Luft aber komplett entweichen kann, ziehen Sie beim Ausatmen die Bauchmuskeln richtig ein. Yoga bietet dafür die besten Techniken – und jetzt geht es los!

- Legen Sie sich auf den Rücken und winkeln Sie die Knie an. Die Arme liegen neben dem Körper, die Handflächen zeigen nach unten.
- Beim Einatmen heben Sie den Bauch an, beim Ausatmen richten Sie das Becken auf und ziehen den Bauchnabel ganz weit nach innen.
- Atem: 60 Sekunden atmen Sie in der Rückenlage tief durch – 2 Sekunden einatmen, dann das Becken heben und 3 Sekunden ausatmen.

- Gehen Sie dann in den Vierfüßerstand.
- Beim Einatmen hängt der Bauch durch und der Rücken fällt ins Hohlkreuz – diese Position dehnt den Bauch.
- Beim Ausatmen machen Sie einen Katzenbuckel, der Rücken wird rund. Sie atmen aus und ziehen den Bauch so weit wie möglich ein.
- Atem: Im Vierfüßerstand atmen Sie 2 Sekunden ein, beim Katzenbuckel 3 Sekunden aus, ebenfalls für insgesamt 60 Sekunden.

Die Brücke   **Die Katze**

RUNDE 6
ERNÄHRUNG

Kohlenhydrate, Eiweiß, Fett – aber richtig!

Viele Menschen machen Sport und wollen dadurch abnehmen. Das ist ein prima Vorsatz, aber oft eine nur schwer zu realisierende Idee. Denn zum Abnehmen brauchen Sie im Wesentlichen zwei Dinge: eine negative Energiebilanz und einen Sport, der Muskulatur aufbaut und mit ausreichender Intensität während des Workouts genug Kalorien verbrennt. Deshalb ist z. B. Joggen zum Abnehmen nicht die erste Wahl, auch Walken killt kaum Kalorien. Ganz anders das Fitnessboxen – es ist geradezu prädestiniert für diesen Job.

Energiebedarf

Ich habe Ihnen auf Seite 26 schon von meinem kleinen Problem erzählt, das ich mit Clive vor jedem Kampf lösen darf: zehn Kilo abnehmen bei steigender Trainingsintensität. Das müssen Sie auf keinen Fall, doch ein paar Maßnahmen sollten Sie unbedingt probieren. Z. B. flankieren Sie das Training mit einer leicht negativen Energiebilanz, um das Ziel zu erreichen. Ihr Körper benötigt den ganzen Tag lang Energie, für den Erhalt der Vitalfunktionen (Grundumsatz) und die geforderte körperliche und geistige Leistung. Viele Menschen aber nehmen mehr Energie zu sich, als sie brauchen und werden langsam immer dicker. Sie machen jetzt das Gegenteil: Sie essen etwas weniger und gesünder, leisten dazu körperlich mehr (Training),

Ein Freund, ein guter Freund: mein Trainer Clive Salz.

natürlich auch geistig, werden kräftiger und zwingen den Körper zum Abbau der Fettdepots.

Drei Dinge braucht der Mensch

Sie können extrem viel über die Nahrung steuern – wie viel Sie essen und wann. Natürlich zählt auch die Qualität des Essens – wie hoch ist der Frischegrad, und woraus bestehen die Lebensmittel? Was immer Sie auf dem Teller haben, es besteht aus den drei Makronährstoffen Eiweiß (Protein), Kohlenhydrate (Glukose/Zucker) und Fett. Es liegt also an Ihnen, den Körper mit den optimalen Nährstoffen zu versorgen. Wir favorisieren dabei für den normalen Sportler eine Low-Carb-Variante – ein Speiseplan, der sparsam umgeht mit Kohlenhydraten und das Eiweiß betont. Der Körper braucht Kohlenhydrate zur Energiegewinnung, keine Frage, und zwar einfache und komplexe. Einfache Kohlenhydrate (Einfachzucker) sind u. a. in Haushalts- und Fruchtzucker oder Honig enthalten. Sie gehen schnell ins Blut über und geben einen raschen Energieschub, haben aber einen geringen Sättigungswert. Komplexe Kohlenhydrate (Mehrfachzucker) kommen hauptsächlich in stärkereichen Lebensmitteln wie Getreide, Kartoffeln, Hülsenfrüchten und zum Teil in Obst vor. Der Körper muss sie zunächst in einfache Kohlenhydrate zerlegen; daher haben sie einen längeren Sättigungseffekt. Der Körper besitzt übrigens eine geringe Kapazität, um Zucker zu speichern. Das macht er vor allem in der Leber, dort sitzt das größte Depot – die kleinen Vorratskammern befinden sich direkt in der Skelettmuskulatur, dort, wo der Zucker auch gebraucht wird. Wenn Sie mit einer hohen Intensität trainieren, dann ist auch der Glykogenbedarf in den Muskeln hoch. Das bedeutet, dass ich vor und nach einer solchen Einheit mit zehn Runden Kraftausdauerübungen und zehn Runden Sparring entsprechend die Depots fülle und reichlich Gemüse und Getreide esse. Folgt darauf ein Tag mit Training der Grundlagenausdauer, dann hat der Körper keinen größeren Bedarf an Kohlenhydraten, weil bei moderaten Belastungen primär das Fett die Energie liefert, wenn der Stoffwechsel darauf konditioniert ist. Und über ausreichend Fettreserven verfügt jeder.

Eiweiß satt

Für Sie ist das Protein fast noch wichtiger, denn Eiweiß ist der Baustoff im Körper, weil Muskeln daraus bestehen. Und um Muskeln aufzubauen oder im Training ramponierte Fasern zu reparieren, müssen Proteine her. Viele Ausdauersportler haben früher den Fehler gemacht und das Eiweiß vernachlässigt, sich allein auf die Kohlenhydrate konzentriert. Davon raten wir dringend ab und empfehlen hingegen einen täglichen Proteingenuss von 1 bis 1,5 Gramm pro Kilogramm Körpergewicht.

Das macht bei einer 60 Kilo leichten Frau rund 60 Gramm aus, was umgerechnet 240 Kilokalorien entspricht. Bei einem geschätzten Energiebedarf von 1800 Kilokalorien sind das knapp 13 Prozent für die optimale Versorgung des Körpers, ohne großen sportlichen Einsatz, nur zum Zweck der Existenzsicherung. Bei einem 80 Kilo schweren Mann sieht die Rechnung so aus: Seine Eiweißzufuhr beträgt maximal 120 Gramm, das sind umgerechnet 480 Kilokalorien, und die entsprechen wiederum knapp 22 Prozent des Energiebedarfs von 2200 Kilokalorien.

Fett ist nicht gleich Fett

Und das oft diskriminierte Fett? Der Verzicht auf Fett wäre ebenfalls ein Fehler, weil der Körper die essenziellen Fettsäuren nicht selbst bilden kann, aber dringend braucht für alle möglichen Funktionen – die Nervenzellen stehen dabei auf der Prioritätenliste ganz weit oben. Darum geben Sie dem Fett wieder eine Chance: Essen Sie zwei- bis dreimal in der Woche fetten Fisch wie Lachs, Hering oder Makrele. Das Ganze am besten zum Mittag, während Sie in der Früh Energie tanken mit Müsli und Obstsalat und Brot und Marmelade.

Was am Ende wirklich lästig auf den Hüften landet, das sind die ganzen Snacks zwischendurch und die harten Sachen am Abend. Ihr Schokoriegel sollte Obst heißen, weniger Kuchen und Kekse am Nachmittag helfen auch der Linie und am Abend wenig Alkohol. Mal ein Wein oder Bier hilft sogar dem Herzen, aber zu viel davon macht eben einfach nur dick und träge. Ich mag zum Glück gar keinen Alkohol, und dadurch vermisse ich ihn in keinem Moment. Doch ich kenne natürlich auch Verzicht, nur etwas anders: Nach einem Kampf liebe ich nichts mehr als simple Weizenbrötchen mit viel Salami. Das klingt seltsam, ich weiß, aber Sie können sich nicht vorstellen, wie ich mich darauf freue und wie sehr mir die Dinger in der Vorbereitungszeit abgehen.

Tut gut – schmeckt gut

In der Vorbereitung plant Coach Clive Salz meinen Essensplan akribisch, denn er weiß so ziemlich alles über die Funktion des Essens. Und dabei interessieren primär die Inhalte, also wie viel Kohlenhydrate ich essen soll und wie viel Eiweiß, wie viel Wasser ich trinken muss usw. Dass die Mahlzeiten dann doch schmecken, das verdanke ich Jasmin, meiner Frau. Sie hat dafür wirklich ein Händchen, und ohne ihre Kunst in der Küche hätte ich ein Problem. Sie können das sicher nur schwer nachvollziehen, aber in der Vorbereitung wird alles dem Kampf untergeordnet. Diese Fixierung verursacht zum Ende hin förmlich einen Tunnelblick. In

Musterernährungsplan

Felix Sturm	Woche 6	Tag 4	Gewichtsvorgabe 0,500 – 0,600 kg
Energiezufuhr: 3200 kcal · Protein: 15 % · Kohlenhydrate: 54 % · Fett: 27 %			
Mahlzeiten	**Supplements**		**Flüssigkeitszufuhr**
Frühstück 200 g Magerquark 200 ml entrahmte Milch 40 g Leinsamen geschrotet 150 g Müslimischung 15 ml Leinöl	S1 5 Tab. S2 3 TL S3 2 TL S4 2 Kap. S7 1 Tab.		2 Tassen Kaffee 500 ml Wasser
TE 1	S2 3 TL · S5 20 Tab. · S6 30 g		1500 ml Wasser
Mittagessen 200 g Hähnchenbrust 200 g gem. Salat, Essig, Olivenöl 200 g Brokkoli 20 ml Rapsöl	S1 5 Tab. S4 2 Kap.		1000 ml Wasser
Zwischenmahlzeit 150 g Haferflocken 110 g Banane 200 ml entrahmte Milch 10 ml Leinöl	S2 3 TL S4 2 Kap.		500 ml Wasser
TE 2	S2 3 TL · S5 20 Tab. · S6 30 g		1500 ml Wasser
Abendessen 250 g Kabeljaufilet 300 g Gemüsemischung 200 g Folienkartoffel 20 ml Olivenöl	S1 5 Tab. S3 2 TL S4 2 Kap. S8 15 Tab.		800 ml Wasser
Zwischenmahlzeit 50 g Mandeln 50 g Walnüsse			200 ml Wasser

Meine Fitness im Ring verdanke ich nicht zuletzt einem ausgeklügelten Speiseplan.

der Phase kann ich schon ein wenig gereizt sein, weil ich mich am Limit bewege. Und da ist es eine große Gnade, ein gewaltiges Glück geradezu, wenn das Essen schmeckt. Einfach nur lecker ist, obwohl es vielleicht aussieht wie Astronautennahrung.

Richtig essen leicht gemacht

Wenn Sie sowieso schon viel Sport treiben und jetzt mal Fitnessboxen probieren, dann brauchen Sie auch Ihre tägliche Portion an Kohlenhydraten und können sich gemäß DGE-Richtlinien ernähren. Die Deutsche Gesellschaft für Ernährung empfiehlt einen täglichen Kohlenhydratanteil von 50 bis 55 Prozent.

Wenn Sie aber nicht zu intensiv und ausdauernd trainieren, dann kommen Sie wahrscheinlich besser mit den Vorgaben von LOGI zurecht: Diese Ernährungsform beschränkt den Anteil der Kohlenhydrate auf maximal 40 Prozent und betont stärker das Eiweiß und die Fette. Sollten Sie viel zu viel auf den Rippen haben, dann gibt es zum raschen Abnehmen noch die Variante der Steinzeitdiät, die fast vollkommen auf Kohlenhydrate verzichtet; der Anteil liegt höchstens bei 17 Prozent. Das ist schon extrem und keine Ernährungsform wie LOGI, sondern eine effektive Variante zum Abnehmen.

Die Kohlenhydrate: Obst und Gemüse sind kein Thema, davon

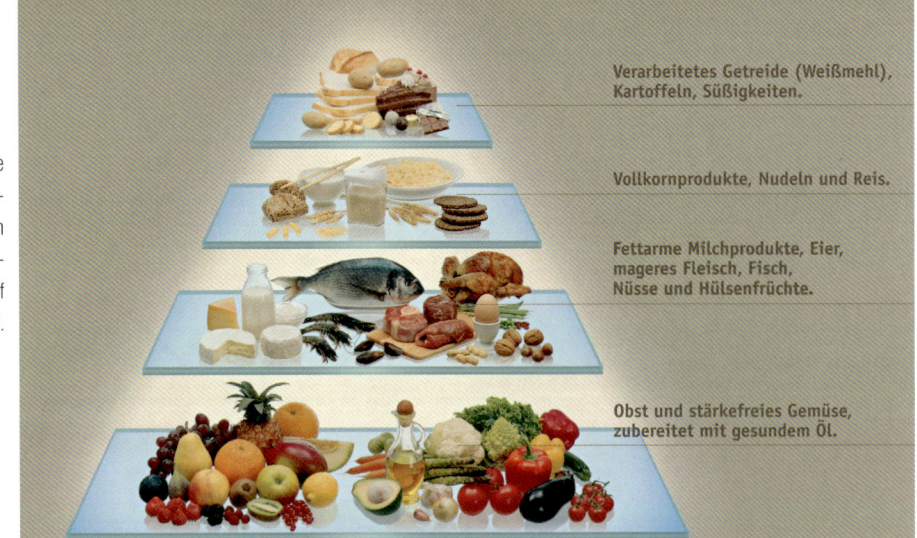

Hier sehen Sie die LOGI-Empfehlungen dafür, was in welchem Mengenverhältnis auf den Teller soll.

Verarbeitetes Getreide (Weißmehl), Kartoffeln, Süßigkeiten.

Vollkornprodukte, Nudeln und Reis.

Fettarme Milchprodukte, Eier, mageres Fleisch, Fisch, Nüsse und Hülsenfrüchte.

Obst und stärkefreies Gemüse, zubereitet mit gesundem Öl.

können und sollen Sie eigentlich so viel essen, wie Sie wollen. Der Slogan dazu heißt »Fünf am Tag«. Versuchen Sie die fünf Portionen – aber mindestens den täglichen Apfel, immerhin eine Portion. Reduzieren sollten Sie die energiedichten Sättigungsbeilagen wie Nudeln, Reis, Klöße oder Pommes und stattdessen lieber Gemüse und Salate essen. Entscheidend ist immer die Menge; ein wenig Pasta ist wunderbar, und auch die kleinen süßen Kartoffeln sind spitze, doch bergeweise machen sie dick.

Das Eiweiß: Auch hier zählt die Abwechslung – das bedeutet: Häufiger sollte Fisch auf Ihrem Teller liegen. Ich liebe Kabeljau, und jeden zweiten Tag gibt es Fisch, natürlich abhängig vom Training. Wenn Sie keine Probleme mit Milcheiweiß haben, dann ist Molke eine hochwertige Quelle – Käse sollte zu Ihrem Speiseplan dazugehören und natürlich auch Quark, den Sie mit frischem Obst perfekt mixen können.

Das Fett: Vergessen Sie das Öl der Sonnenblume, auch Maiskeimöl fliegt aus dem Küchenregal, dafür kommt Olivenöl hinein, ebenso Raps- und Leinöl. Wählen Sie am besten hochwertige Öle in Bioqualität.

Das Profil der Öle macht den feinen Unterschied – ihre mehrfach ungesättigten Fettsäuren sind essenziell und damit für den Körper lebenswichtig.

RUNDE 7
REGENERATION

Relaxen für Körper und Geist

Machen Sie jetzt mal Pause – das baut auf. Pausen sind mindestens so wichtig wie guter Schlaf. Deswegen empfehle ich ein konsequentes Pausenmanagement – während der Workouts ist es sowieso obligatorisch, doch auch in den Tagen dazwischen sollen Sie sich immer wieder kleine Auszeiten gönnen und sich erholen. Da gibt es ganz simple Methoden wie beim autogenen Training für Anfänger: Sie sitzen auf einem Stuhl und beugen sich nach vorn, lehnen lässig auf den Unterarmen und schalten ab für einen Moment von drei Minuten. Oder Sie liegen auf dem Rücken, strecken sich aus und schließen ebenfalls für drei Minuten die Augen. In dieser Zeit üben Sie Selbstsuggestion und sprechen im Geist Ihr Mantra runter: »Ich bin ganz ruhig«, »Meine Arme sind ganz schwer, meine Beine sind ganz schwer«, »Meine Arme sind ganz warm, meine Beine sind ganz warm«. Dann werden sie tatsächlich warm. Der Körper wechselt damit in den Ruhemodus, der Parasympathikus übernimmt und weitet die Gefäße, die Durchblutung wird besser – so kommt es zu dem wärmenden Effekt. Wunderbar. Nach drei Minuten sagen Sie sich: »Ich bin fit, ich bin fit, ich bin fit«, und dann erst öffnen Sie die Augen und stehen auf. Ideal wäre das kleine Ritual dreimal am Tag, morgens, mittags und vor dem Schlafen-

3 Minuten entspannen mit dem autogenen Training für Anfänger:
- Legen Sie sich hin, strecken Sie sich aus und schließen Sie die Augen.
- Nun sprechen Sie langsam die folgenden Mantras – jeweils ungefähr 30-mal: »Ich bin ganz müde«, »Arme und Beine sind ganz schwer« und »Arme und Beine sind ganz warm«.
- Ungefähr ist eigentlich nicht mein Stil, doch in diesem Fall sollen Sie sich nicht aufs Zählen konzentrieren, sondern den Körper wahrnehmen, wie er sich verändert, denn Ihnen wird dabei wirklich warm.
- Dann sagen Sie 10-mal: »Ich bin jetzt wach«, winkeln die Unterarme zügig an und öffnen erst jetzt die Augen wieder.

gehen, dann allerdings ohne die Fitformel – einfach umdrehen und schlafen.

Heißes Entspannen

Sehr viele Menschen lieben die Sauna, für sie gibt es nichts Schöneres als das kollektive Abkochen. Eine weniger anstrengende und zeitintensive Variante dagegen ist die Infrarotkabine. Darin sitzen Sie für etwa 15 Minuten, 4-mal 3 Runden plus Pausen, und garen bei knapp 40 °C vor sich hin. Obwohl die Temperatur kaum mehr als 40 °C erreicht, wird Ihnen doch ganz schön warm, und vor allem rinnt der Schweiß. Die Infrarotstrahlen der Heizstäbe gelangen etwas tiefer unter die Haut und mobilisieren dort das Lymphsystem mit dem Ergebnis eines regen Salzregens: Entschlacken auf die Schnelle. Probieren Sie das aus – danach natürlich wieder viel trinken oder gleich eine Flasche mit in die Kabine nehmen.

Alpha für den Kopf

Jetzt haben wir dem Körper so viel Aufmerksamkeit geschenkt und den Geist darüber fast vergessen, aber eben nur fast. Wie das autogene Minitraining gezeigt hat, steuert der Kopf eine ganze Menge. Damit er aber auch einmal zur Ruhe kommt und entspannt, müssen die Gehirnwellen auf »Alpha« gepolt sein. Das klingt ein wenig komisch oder kosmisch, doch so

Entspannen ist mindestens so wichtig wie Anspannen – gönnen Sie sich Pausen.

funktioniert die Zentrale. Gehirnwellen schwingen je nach Stress in verschiedenen Frequenzen, aber im Alphazustand bei einer Frequenz von 8 bis 12 Hertz ist das Gehirn vollkommen auf Entspannung getaktet. Das erreichen Sie entweder durch Selbstsuggestion – oder Sie lassen sich helfen. Beispielsweise von Herrn Bach.

Der Meister komponierte vor rund 250 Jahren ein paar außerordentliche Klavierübungen, die später als Goldberg-Variationen populär wurden. In vielen Fitnessboxstunden gibt es ordentlich was auf die Ohren, die Beats dröhnen und pushen die Akteure. Da knallt es mit 160 oder 180 Beats in der Minute durch den Raum, aber in der Ruhe liegt die eigentliche Kraft. Das Chillen ist genauso wichtig, es soll auf gar keinen Fall vergessen werden, und deshalb empfehle ich jedem, mindestens einmal am Tag runterzukommen von Beta, dem Wachzustand, aber auch nicht gleich abzugleiten in Delta, den Schlafzustand, sondern erst ein wenig Alpha wirken zu lassen. Doch Alpha ist nicht einfach das Synonym für schlichtes Abhängen, denn das Unterbewusstsein arbeitet weiter und lässt Ihrer Kreativität dabei freien Lauf. Lehnen Sie sich bequem zurück, schließen Sie die Augen und lauschen Sie Bach – für eine schnellere und komplexe Regeneration.

RUNDE 8
PSYCHE

Kampf den Durchhängern!

Die mittleren vier Runden im Ring sind oft die schwierigsten. Die erste Euphorie ist meist dahin, weil ein schneller K.o. nicht geglückt ist. Allerdings ist das so eine Sache mit dem schnellen K.o.: Natürlich wäre es super, würde ich den Kampf mit einem Schlag oder einer Serie von Schlägen vorzeitig beenden, doch der Alltag im Ring sieht anders aus. In den Runden 5 bis 8 geht es etwas verhaltener zur Sache, weil Schrammen oder Cuts schmerzen, das Atmen schwerer fällt, und auch ein Anflug von Müdigkeit macht sich langsam bemerkbar. Dann zeigt sich, wer eine wirklich gute Kondition mitbringt und wer auch psychisch der Aufgabe gewachsen ist. Manche Kollegen betreten den Ring, und die taktischen Vorgaben sind viel zu rigide. Dann dominieren Begriffe wie »nur«, »noch nie« oder »immer« das Denken.

Beim Essen gibt es das gleiche Phänomen. Sehr viele verbieten sich diverse Speisen, denken dann natürlich ständig daran, werden irgendwann schwach und schlagen schließlich völlig über die Stränge.

Flexibel bleiben

Diese Art zu denken ist von Anfang an zum Scheitern verurteilt, weil niemand den Druck auf Dauer aushält, denn das ist unmenschlich. Die Lösung besteht in einem flexiblen System, das zwar klare Ansagen formuliert, aber keine Dogmen. Ich habe den Fehler im ersten Kampf gegen Castillejo gemacht: Weil mich die Kritik zuvor stark in der Mangel hatte, ich hätte zu defensiv geboxt usw., wollte ich es allen zeigen, und in meinem Kopf gab es nur den Gedanken: immer offensiv, immer nach vorn. Und dabei habe ich mir gleich einen K. o. eingefangen – der Preis für ein viel zu rigides und eindimensionales Denken. Das war ärgerlich und gleichzeitig das Ende innerer Zwänge. Denn wenn ich heute in den Ring steige, dann immer mit einem Plan B. Sollte Plan A nicht aufgehen, weil der Gegner doch ganz anders boxt als angenommen, muss eine neue Strategie her, und das möglichst sofort. Jeder sollte einen Plan B parat haben – zumindest wenn es um die Fitness geht.

Nur Geduld!

Ich erzähle Ihnen das, weil viele Freizeitsportler hoch motiviert mit etwas beginnen und dann schnell wieder alles hinschmeißen, weil es nicht so läuft, wie sie es sich gedacht oder erhofft hatten. Erstens kommt es anders und zweitens, als man denkt, davor ist auch das Fitnessboxen nicht gefeit. Dafür gibt es meist zwei Ursachen: Die Zeit ist knapp, und die Fortschritte stagnieren. Auch im Sport gibt es eine Art des Ökonomiegesetzes vom abnehmenden Grenznutzen: Anfangs läuft alles sehr einfach, fast von selbst. Sie machen Ihre Übungen, und der Körper reagiert, passt sich flott an. Allmählich wird der Einsatz größer, um den gleichen Erfolg zu erzielen, oder bei gleichem Einsatz fällt der Gewinn kleiner aus.

Betrachten Sie Ihren Körper: Die ersten Pfunde purzelten förmlich von allein, quasi schon beim Anblick des Springseils. Doch ein kleines Speckpolster bockt jetzt, will partout nicht weichen – was tun? Weiter an der Essensschraube drehen? Auch da wird schnell Schluss sein, sonst sackt die Stimmung ab – und mit ihr das Wohlbefinden. Solch eine nervende Phase haben Sie viel-

Cool bleiben, auch wenn's mal nicht so läuft – solche Momente gehören dazu.

leicht in den letzten Wochen kennengelernt: Sie geben Ihr Bestes, doch das will nicht reichen. Das denken Sie, und das ist das Dilemma. Freunde und Kollegen beneiden Sie bestimmt, weil Sie so engagiert bei der Sache sind, und werden über Ihre Luxusproblemchen nur den Kopf schütteln.

Ein wenig geht immer

Oder die Zeit: Sie wollen trainieren, und schon wieder kommt Ihnen etwas dazwischen, Sie können das komplette Programm auf keinen Fall absolvieren. Ja und? Dann wählen Sie eben den Part, der Ihnen gerade am wichtigsten ist. Deshalb haben wir unsere Workouts so flexibel gestaltet. Damit Sie auch mit kleinsten Einheiten weiterarbeiten können, wie beispielsweise ein paar Minuten Schattenboxen. Das geht fast immer und überall, und Seilspringen macht auch keine Probleme, genauso wie einige Übungen, für die Sie keine Geräte brauchen.

Was ich sagen möchte: Je flexibler Sie von Anfang an mit dem Sport umgehen, desto länger bleiben Sie dabei. Sie sind eben kein Profi, der dafür bezahlt wird, und auch kein Kind mehr, das über reichlich Freizeit verfügt. Deswegen promote ich das Fitnessboxen als Sport der kleinen Schritte. Wer einzig und allein auf große Sprünge setzt, landet schnell auf der Nase.

> Plan B ist Ihre große Chance, den Widrigkeiten des Alltags zu begegnen, weil eben nicht immer alles nach Wunsch läuft. Legen Sie sich eine Strategie zurecht für den Fall, dass der Trainingstag doch mal ausfällt. Schreiben Sie auf, was Sie in welchem Fall alles machen können. Denn beim Fitnessboxen geht immer irgendwas für ein paar Minuten, das ist ein gewaltiges Privileg.

Schön locker

Für Sie ist es besonders wichtig, immer locker zu bleiben. Das klingt so banal, und man darf es eigentlich gar nicht sagen, doch es ist so schwer. Denn auch das Lockerbleiben ist das Resultat intensiven Übens. Die wenigsten sind von Natur aus oder auf Anhieb locker.

Den Blickwinkel ändern

Was bei der Beurteilung Ihres Handelns ebenfalls ausgesprochen wirksam ist: wenn Sie ab und zu die Perspektive ändern, und in die Rolle des Beobachters wechseln und dann selbst sehen, wie fit Sie schon sind. Aber betrachten Sie sich nicht vor dem Spiegel beim Schattenboxen, sondern vor dem inneren Auge. Dann werden Sie fühlen, dass Sie eigentlich doch alles richtig machen. Und dass auch die Programme genügend neue Reize und Impulse bieten für ein abwechslungsreiches Training. Dass es dabei trotzdem Momente der Monotonie geben wird, ist völlig normal, praktisch das Leben selbst. Darum üben Sie sich ein wenig in Geduld und Demut dem Körper gegenüber. Im Geist sind Sie vielleicht schon der CHAMP, doch real eben noch nicht ganz, sondern der WINNER. Das ändert sich aber gleich, wenn ich die letzten vier Runden für Sie einläute. Mit Ihrer neuen Souveränität starten Sie das neue Programm.

Was macht ein ambitionierter Boxer, der nicht boxen darf? Für die Amateure zu alt ist und für die Profis keine Lizenz hat? Er erfindet etwas Neues und nennt es beispielsweise Managerboxen. Wobei das eigentlich nicht ganz richtig ist, sondern nur die deutsche Übersetzung für den amerikanischen Begriff »White-Collar-Boxing«. Die Gesellschaft mit den weißen Kragen repräsentiert im englischsprachigen Raum traditionell die Arbeitswelt der Büros, im Gegensatz zu den blauen Kragen der Arbeiter und Handwerker.

David Lawrence war lange Zeit so ein Mann mit weißem Kragen. Er wollte unbedingt in den Ring und offiziell kämpfen, aber niemand in New York ließ ihn. Und der Gag dabei: Im geldgierigen Boxbusiness halfen dem Broker und Professor für englische Literatur nicht einmal seine Wall-Street-Millionen. Obwohl er schon lange im legendären Gleason's Gym in Brooklyn trainierte, sich im Rolls-Royce dorthin chauffieren ließ – regulär kämpfen durfte er nicht. Das wollte er aber.

Die bockigen Behörden bremsten Lawrence zwar, hielten ihn aber nicht auf, er gründete einfach einen neuen Verband, der den Wünschen ambitionierter Fitnessboxer entsprach. Die Regeln sind ähnlich streng wie bei den Amateuren: Eine Runde dauert zwei Minuten, drei Runden sind üblich, die Kontrahenten sollen sich ähneln in Statur und Trainingsniveau, es gibt aber kein Alterslimit. So ganz nebenbei entwickelte sich eine recht ungewöhnliche und eigenwillige Boxszene, zu den Bänkern gesellten sich andere Professionen wie Anwälte, Makler, Designer. Mit dem Einbruch der Kreativen in die Phalanx der Kapitalisten kam es zum Miniboom, denn nun waren auch die Medien dran. Und drin. Lawrence selbst bekam zu der Zeit vom Staat allerdings

MANAGER-BOXEN

eine zweijährige Zwangspause verordnet: Mitarbeiter seiner Firma hatten Gelder veruntreut, und der Chef musste dafür sitzen. Allerdings saß er eher selten, meist nur zum Schreiben von Gedichten, den Rest der Zeit boxte er sich weiter durch. Das macht er bis heute, arbeitet

primär als Coach bei Gleason's und trainiert im Herzen jung gebliebene Männer, bereitet sie vor auf die langen Minuten im Ring.
Was in einem der traditionsreichsten Gyms der USA begann, brauchte ein paar Jahre über den Atlantik, doch seit 2000 boxen die Manager auch in England wieder gegeneinander, und zwar mitten in der City of London: Dort residiert der »Real Fight Club«. Anders als der Name suggeriert, boxen die knapp 2000 Mitglieder im klassischen Stil, und das vor großem Publikum. Während der Galashow namens »Dinner-Boxing« sitzen die Damen und Herren in edler Garderobe an reich gedeckten Tischen, knabbern feine Canapées, trinken edlen Champagner, rauchen teure Zigarren – und in der Mitte der Tische steht der Ring, in dem sich zwei Kollegen rangeln. Die Regeln hier: Ein Kampf dauert drei Runden zu je zwei Minuten. Die Handschuhe sind doppelt so schwer wie bei den Profis, um die Schläge zu dämpfen. Kopfschutz und Genitalprotektor sind Pflicht. Ein Arzt steht neben dem Ring, und die Boxer können den

Kampf jederzeit abbrechen. Wer in diesen elitären Zirkel aufgenommen werden will, muss ein sechsstelliges Jahresgehalt nachweisen, und er muss für die Ausrichtung des Kampfes bezahlen. In England sind diese Boxkämpfe ein riesiger Spaß mit karitativem Charakter: An jedem dieser Abende werden Tausende von Pfund gespendet und für verschiedene wohltätige Zwecke eingesetzt.

Diese Boxtradition fehlt in Deutschland vollkommen. Ebenso die anglo-amerikanische Clubkultur; private Gyms sind hier immer noch die Ausnahme. Aber wenigstens sind die Vereine aufgewacht und bieten heute neben dem reinen Leistungssport auch Fitnessboxen für jeden. Und so finden Sie am Ende des Buches auf der Seite 171 ein paar Adressen, die

Ihnen hoffentlich weiterhelfen, wenn Sie sich wirklich in den Ring trauen und einem Gegner in die Augen schauen wollen. Und sich dabei selbst erkennen möchten. Unsere Programme bereiten Sie physisch perfekt darauf vor, die passende Praxis holen Sie sich im Gym.

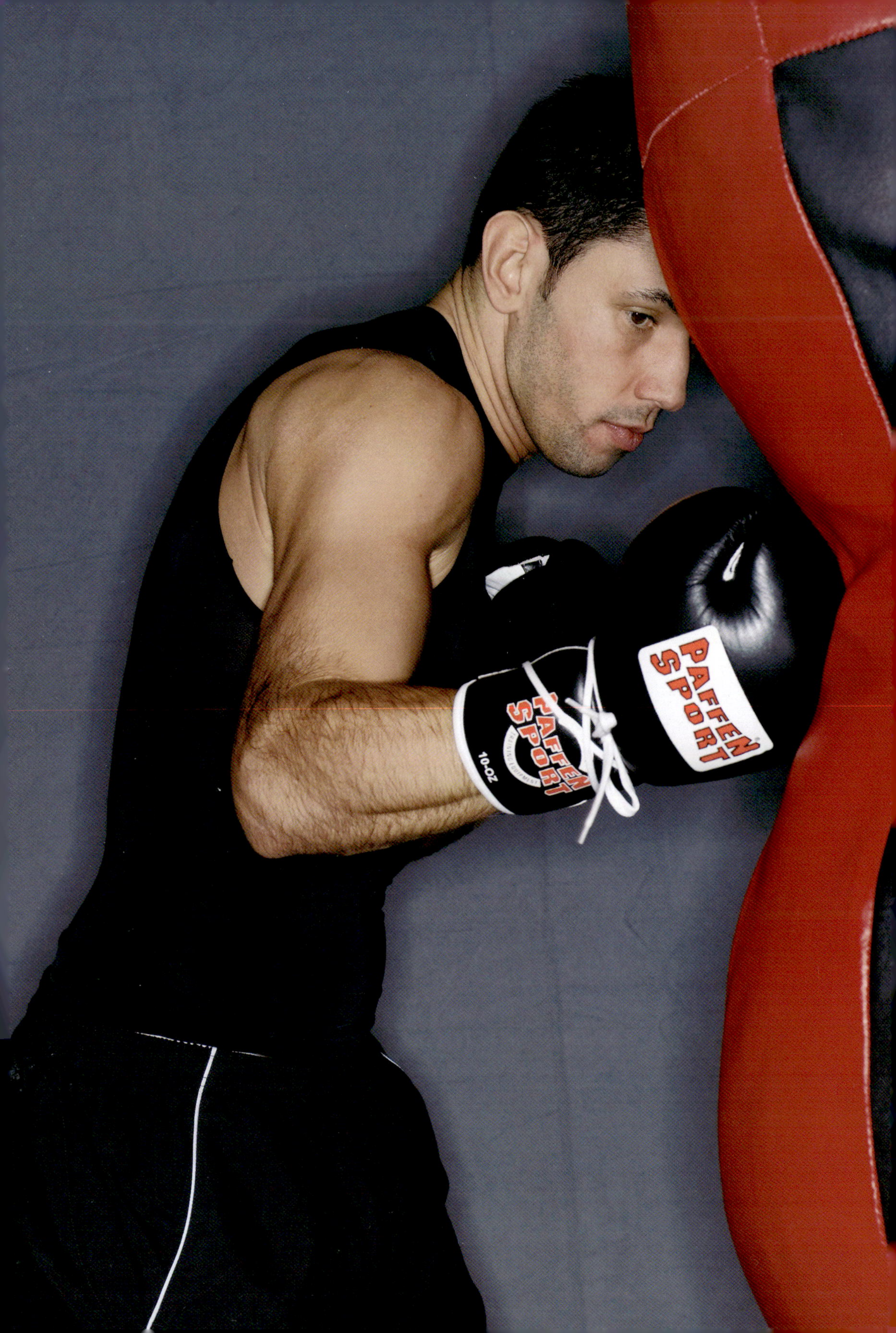
PAFFEN SPORT
10-OZ
PAFFEN SPORT

PROGRAMM 3
CHAMP

Auf ins Finale!

Die letzten vier Runden stehen an, und jetzt kommen wir uns noch näher als zuvor. Näher als im Fernsehen und auch näher als am Ring, wenn Sie Boxen doch lieber live sehen wollen. Was Sie in den kommenden Wochen leisten, ist wirklich weltmeisterlich, und danach müssen Sie sich einfach einen neuen Gürtel gönnen, denn den haben Sie sich verdient, mit jedem Tropfen Schweiß, mit jeder Träne und dem wallenden Blut in den Adern. Vielleicht haben Sie sich sogar ein klein wenig verändert, sind selbstbewusster, lässiger, entspannter geworden, denn das war ein Ziel.

Fitnessboxen ist physischer Selbstzweck mit interessanten Nebeneffekten, weil es auch den Charakter formt. Das zeigt, wie stark Bewegung die Psyche beeinflusst – und wie positiv. Und auch, wozu der Wille fähig ist, wenn man ihn lässt und stärkt.

Das Ihnen schon vertraute Konzept behalten wir natürlich bei: Das CHAMP-Fitnessworkout bietet wieder sechs erweiterte und sechs neue Übungen. Im Workout kombinieren Sie nun noch mehr Schläge zu Serien und setzen das dann beim Schattenboxen um. Und wie ich es zu Beginn angekündigt hatte, wird zum Finale die Zeit erst nach vier Minuten gestoppt. Sie werden dann fühlen und verstehen, was es heißt, für einen Boxkampf zu trainieren. Und nun auf in die entscheidenden letzten vier Runden!

ES GEHT UMS GANZE!

Den Turbo anwerfen

Die letzten vier Runden im Ring sind auch für mich das Signal, alles zu geben und die Entscheidung zu suchen. Wenn ich im Kampf nach Punkten vorn liege, kann es noch einmal richtig brenzlig werden, weil mein Gegner nun doppelt gefährlich ist, alles auf eine Karte setzt und seine letzte Chance im »Lucky Punch« sucht.

Dagegen gibt es nur ein probates Mittel: wach sein und das Geschehen dominieren. Die Kondition ist dabei der entscheidende Faktor, sie hält die Konzentration aufrecht und gibt Kraft für weitere Schläge. Ist der Kampf ausgeglichen, dann siegen am Ende der längere Atem, die bessere Ausdauer und der stärkere Wille.

Davon erzähle ich in den letzten vier Runden, was ich mit meinen Trainern gemeinsam so alles veranstalten muss, damit ich gut in Form komme, diese auch halten und abrufen kann. Nicht alles ist dabei zur Nachahmung empfohlen! Denn reiner Leistungssport kann die Gesundheit angreifen, doch bei mir wacht ein ganzes Team darüber, dass alles passt.

Die Vorbereitung ist eine spannende Zeit, weil sie immer anders ist, weil ich mich verändere und wir eine Steigerung zur letzten Vorbereitung suchen, dabei gemeinsam neue Strategien erarbeiten und dann zusammen die Lorbeeren ernten. Eine Woche in meinem persönlichen CHAMP-Workout sieht etwa so aus:

Übungsplan Felix Sturm

PLUS ONE

Sportler   **Profiboxer**   **Felix Sturm**

TE Woche   Woche 6   22.09. bis 28.09.2008
Wettkampf   Woche 6   01.11.2008
Trainer   Clive Salz

Montag	Dienstag	Mittwoch	Donnerstag	Freitag	Samstag	Sonntag
TE 1 10.00 Uhr	TE 1 10.00 Uhr	TE 1 10.00 Uhr	TE 1 10.00 Uhr	TE 1 10.00 Uhr	TE 1 10.00 Uhr	TE 1
Warm-up	Warm-up	Warm-up	Warm-up	Warm-up	Warm-up	
K.Boxspez. 15 R 3/1 4/1 HF min/max	K.Boxspez. 12 R 4/1 3/30 HF min/max	K.Boxspez. 10 R 3/1 4/1 HF min/max	K.Boxspez. 12 R 4/1 3/30 HF min/max	K.Boxspez. 12 R 4/1 3/30 HF min/max	GA1-Lauf 60 Min.	R
Cool-down	Cool-down	Cool-down	Cool-down	Cool-down	Cool-down	
TE 2 17.00 Uhr	TE 2 17.00 Uhr	TE 2 17.00 Uhr	TE 2 17.00 Uhr	TE 2 17.00 Uhr	TE 2 17.00 Uhr	TE 2
Warm-up	Warm-up	Warm-up	Warm-up	Warm-up	Warm-up	
Krafttraining Hypertrophie		Krafttraining Maximalkraft		Krafttraining Kraftausdauer	R	R
Laufintervall 4R HF min/max	Radintervall 6R HF min/max	GA2-Rad 45 Min. HF min/max	Laufintervall 6R HF min/max			
Cool-down	Cool-down	Cool-down	Cool-down	Cool-down	Cool-down	

Dieser Plan zeigt meine sechste Trainingswoche in der Vorbereitung auf den Kampf gegen Sebastian Sylvester am 1.11.2008 – und sechs Wochen blieben noch. Ein schönes Programm, und ich versichere Ihnen, Ihr Programm wird genauso reizvoll. So steht z. B. auf dem Plan, dass ich mit meinem Konditionstrainer Clive Salz je nach Trainingsphase nach dem Warm-up zwischen 22 und 25 Runden à vier Minuten in nur einer Trainingseinheit trainiere. Die erste Einheit kann aus 15 Runden mit kraftspezifischen Übungen mit Hanteln, Medizinbällen und Gummibändern bestehen. Oder es steht ein boxspezifisches Konditionstraining auf dem Plan, um Belastungssituationen wie im Wettkampf zu realisieren. Zwischen den Runden gibt es zwar immer eine Pause von maximal einer Minute, aber Clive wäre nicht Clive, wenn ich mich da einfach irgendwo hinlümmeln und ausruhen könnte: In der vermeintlichen Pause geht es manchmal mit der Belastung auf dem Ergometer weiter, damit meine Herzfrequenz eine gewisse Höhe behält.

So beende ich eine Runde beispielsweise mit einem Puls von 170, das Herz hämmert, der Schweiß rinnt. Auf dem Ergometer strample ich dann eine weitere Runde zur Regeneration, aber so, dass mein Puls nicht unter 140 Schläge sinkt. Mit diesem Puls geht es als Ausgangswert in die nächste Runde und immer so weiter. Auf dem Niveau scheucht mich Clive durch die einzelnen Einheiten. Entweder wir arbeiten uns pulsmäßig nach unten oder aber nach oben, das entscheidet der Coach allein.

Anschließend mache ich noch Schattenboxen oder Seilspringen; dabei geht es darum, Bewegungsabläufe zu automatisieren und physisch runterzukommen nach der harten Einheit. Das Training ist ein wirklicher Schlauch, aber unser Ziel ist es, alle Belastungskomponenten im Training extremer zu gestalten als später im Kampf eigentlich notwendig.

Nach der Betonung der Grundlagenausdauer in den ersten Wochen der Vorbereitung verlagern wir den Schwerpunkt immer mehr auf die Intervallbelastungen, weil

Wer es wirklich ernst meint mit seinem Sport, muss 24 Stunden am Tag danach leben.

wir natürlich das trainieren wollen, was im Wettkampf gefordert ist. So könnte die zweite Einheit am Tag ein Zehn-Runden-Intervalltraining auf dem Laufband beinhalten, bei dem meine Herzfrequenz wiederum in vorgegebenen Grenzen von Runde zu Runde neu von Clive vorgegeben und kontrolliert wird.

Danach will ich eigentlich nur noch duschen – aber nicht, bevor ich speziell auf mich abgestimmte Nahrungsergänzungen konsumiert habe, die meine Regenerations- und Trainingsanpassungsprozesse optimal gewährleisten. Zu Hause wartet dann ein abgewogenes und ausgewogenes Menü mit allen notwendigen Nährstoffen auf mich, wobei es hier weniger um den Genuss als um die Wirkung geht – denn das nächste Training naht schon in wenigen Stunden ...

Glauben Sie mir, am Ende eines solchen Tages verfluche ich manchmal das, was ich mache, weil ich körperlich und geistig an meine absoluten Grenzen und darüber hinaus gegangen bin. Denn zwölf Wochen lang gibt es immer denselben Rhythmus: Trainieren, Essen, Schlafen, Trainieren, Essen, Schlafen – und wieder von vorn. Aber nur so funktioniert es im Leistungssport – du musst deinen Sport 24 Stunden am Tag leben, wenn du dein Potenzial bestmöglich ausschöpfen willst. Jetzt wünsche ich Ihnen viel Spaß in Ihren letzten vier Runden!

RUNDE 9
TRAINING

Warm-up

Wieder Seilspringen? Selbstverständlich, aber diesmal nur relativ kurz, denn Sie sind schon topfit unterwegs und müssen sich nicht künstlich mühen. Das ist das Schöne am Training, dass stetig neue Reize den Alltag beleben, und so lassen wir es die ersten 30 Sekunden locker angehen. Doch dann wechselt das Tempo im 30-Sekunden-Takt bei einer Gesamtdauer von vier Minuten. Es folgt die einminütige Pause, und dann wiederholen Sie das Speedprogramm noch einmal. Anschließend legen Sie das Springseil zur Seite, platzieren einen Medizinball vor Ihren Füßen und springen los: vorwärts und rückwärts, nach links und nach rechts. Strengt das Ihre Knie vielleicht zu sehr an? Dann üben Sie erst mit kleinen Steps – schließen Sie dabei ruhig auch einmal die Augen.

Warum ich Ihnen erst jetzt auf die Sprünge helfe? Es bedarf eben einer gewissen Kraft in den Beinen, damit die Belastung auch wirklich von der Muskulatur getragen wird und nicht auf die Gelenke geht. Das Springen mit dem Seil hat Sie optimal darauf vorbereitet, und nun darf es etwas mehr sein.

Sie sehen, jetzt geht es an die Feinheiten, und mit der feineren Motorik beschäftige ich mich auch verstärkt, je näher der Kampf rückt. Sprünge sollen dabei helfen, besonders die Schnelligkeit zu steigern.

- Starten Sie mit den Steps und springen Sie sich 1 Minute warm.
- Dann pausieren Sie für 1 Minute und springen anschließend für 1 Minute über den Ball – seitlich oder vor und zurück.
- Achten Sie darauf, dass Sie die Knie richtig heben und immer knapp neben dem Ball landen.

Sie stehen nur auf den Ballen, kontakten mit einem Fuß kurz den Ball und hüpfen sofort wieder zurück – flotter Wechselschritt.

Sie springen mit geschlossenen Beinen, ziehen die Knie an und landen immer auf den Ballen knapp neben dem Ball.

Workout 1

Hier kommen also die letzten 6 Übungen für Sie. Die Übungen werden noch einen Tick komplexer, als sie es ohnehin schon waren. Mittlerweile trainiert bereits 1 Übung den ganzen Körper, und Sie werden schnell merken, wie gut das tut – auf dem Weg zum CHAMP.

Sie trainieren wieder in den Modi leicht, mittel und schwer und wieder mit 3 Zeiten, die es diesmal in sich haben: 180 Sekunden, 210 Sekunden und – Trommelwirbel! – 240 Sekunden. Das bedeutet 4 Minuten in der finalen Phase. Das Programm trainieren Sie in maximal 2 Durchgängen, sonst wird die Zeit zu lang; wahrscheinlich reicht sogar 1 Durchgang, weil die komplexen Übungen schon über die Dauer von 3 Minuten ordentlich anstrengen.

Es wird also heftig, und nebenbei lernen Sie noch eines meiner Lieblingsspielzeuge im Gym kennen: die Kettlebells. Kettlebells sind eine russische Spezies von Hanteln, wie schon auf Seite 34 erwähnt. Sie sehen aus wie Kanonenkugeln mit angeschweißtem Griff, wie aus einem Block gegossen, urig, unverwüstlich und ungemein clever.

Damit werden Sie nun fleißig üben und wahrscheinlich so eine Freude an den Dingern finden, dass Sie sich bestimmt noch ein Paar schwerere leisten, wetten? Und so sieht Ihr CHAMP-Programm aus:

CHAMP-Trainingsplan

Warm-up	Wiederholungen	Pause	Dauer
Seilspringen Varianten Steps auf Ball/ Springen über Ball	2-mal 4 Min. 2-mal 1 Min.	1 Min. 1 Min.	9 Min. 3 Min.
Workout 1	30 Trainingseinheiten Variante 1: 5-mal pro Woche/6 Wochen		Variante 2: 3-mal pro Woche/10 Wochen
Übung 1–2 Durchgänge	Zyklus A 180 Sek.	Zyklus B 210 Sek.	Zyklus C 240 Sek.
1 Für die Beine I	Frontsquat und Frontheben	Wippende Wandhocke mit Ball und Kettlebells/ Frontheben	Umsetzen/Squat/ Ausstoßen
Pause	60 Sek.	60 Sek.	60 Sek.
2 Für die Beine II	Ausfallschritt mit Kettlebell-Curls	Ausfallschritt mit Kettlebell-Curls alternierend	Ausfallschritt alternierend mit Kettlebell-Curls und Schulterpresse
Pause	60 Sek.	60 Sek.	60 Sek.
3 Für den Bauch	Lateralflexion mit Kettlebells	Crunches mit Kettlebell	Crunches und Beckenheben
Pause	60 Sek.	60 Sek.	60 Sek.
4 Für den Rücken	Wippe liegend	Hyperextensions mit Hanteln	Rückenheben mit Hanteln
Pause	60 Sek.	60 Sek.	60 Sek.
5 Für die Schultern	Hantelboxen/ Front- und Seitheben	Hantelboxen/ Front- und Seitheben/ Kreisen im Laufen	Hantelboxen/ Front- und Seitheben/ Kreisen im Laufen
Pause	60 Sek.	60 Sek.	60 Sek.
6 Für die Arme	Trizepsdrücken/ Bizeps-Curls mit Hanteln	Trizepsdrücken/ Überzüge/Bizeps-Curls mit Hanteln	Dips am Step/ Curls mit Hantel
Workout 2	Wiederholungen	Pause	Dauer
Freies Training am Sandsack	4-mal 2 Min./ 3-mal 3 Min.	1 Min.	11 Min.
Fight	Wiederholungen	Pause	Dauer
Freies Schattenboxen	3-mal 3–4 Min.	1 Min.	11–14 Min.
Cool-down	Wiederholungen	Pause	Dauer
Laufen/Ergometer Yoga	- 2-mal 1 Min	- 1 Min.	8–10 Min. 3 Min.

Workout 1 · Übung 1

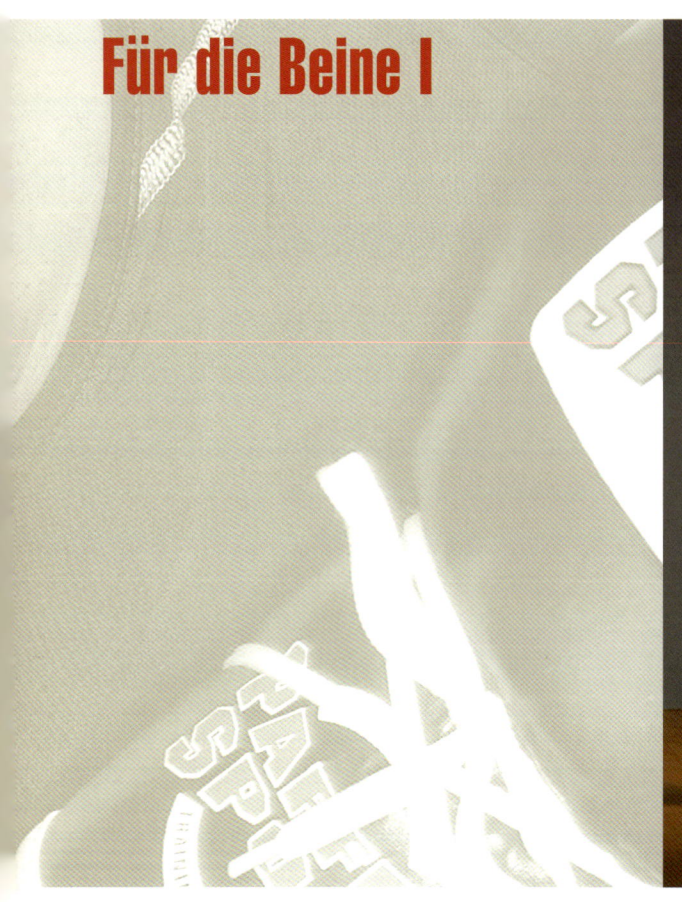

Für die Beine I

- Greifen Sie die Langhantel schulterbreit und platzieren Sie die Stange oben auf der Brust (Bild 1).
- Nun gehen Sie tief in die Knie (Bild 2) und richten sich wieder auf. Dabei dürfen Sie auch ins Hohlkreuz gehen, wenn Sie den unteren Rücken richtig anspannen.
- Nach der Kniebeuge drücken Sie die Hantel nach oben (Bild 3) und lassen sie wieder herunter. Es folgt die nächste Kniebeuge.
- Diesen Ablauf wiederholen Sie 180 Sekunden lang.

A

**Frontsquat und Frontheben
180 Sekunden**

137

- Sie klemmen den Gymnastikball zwischen unteren Rücken und Wand und gehen in die Hocke. In den Händen halten Sie die beiden Kettlebells (Bild 1).
- Mit dem Ball im Rücken wippen Sie nun auf und nieder, machen also kleine Kniebeugen.
- Dann strecken Sie die Arme für 15 Sekunden waagerecht vor dem Körper aus (Bild 2).
- Danach nehmen Sie die Arme wieder herunter und lassen die Schultern für 15 Sekunden pausieren, die Beine aber arbeiten wippend weiter.
- Diesen Wechsel im 15-Sekunden-Takt wiederholen Sie 210 Sekunden lang.

B

Wippende Wandhocke mit Ball und Kettlebells/Frontheben
210 Sekunden

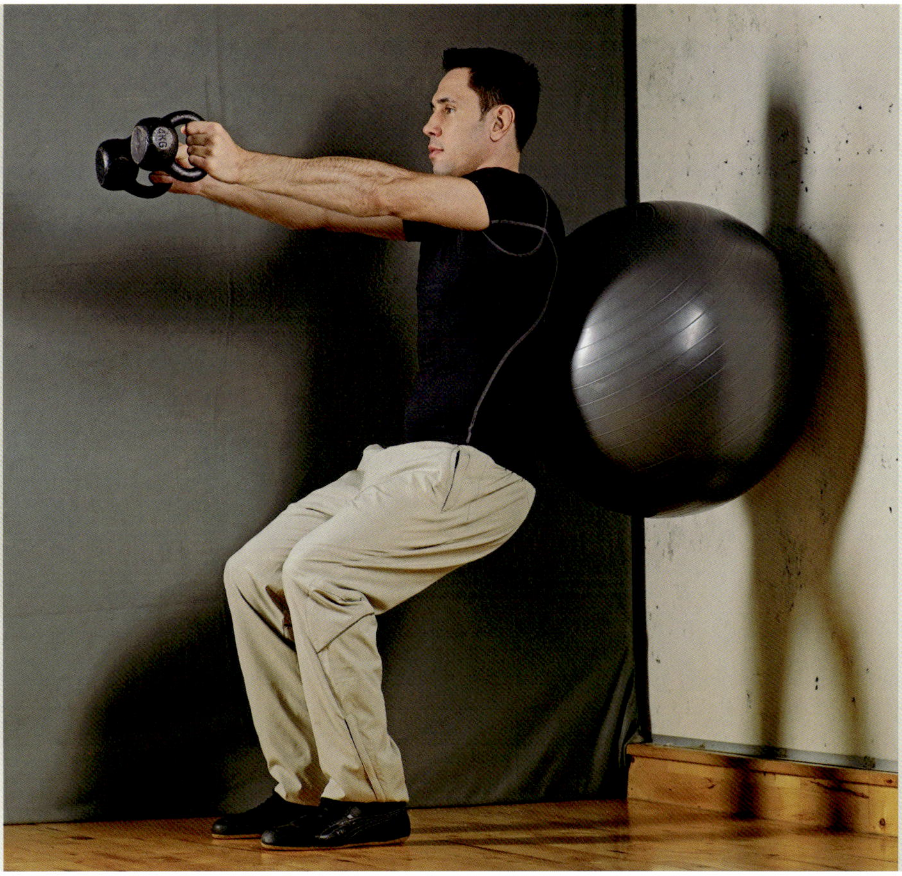

- Die Langhantel liegt am Boden. Sie beugen sich herunter und fassen die Hantel (Bild 1).
- Nun ziehen Sie die Hantel mit Schwung nach oben, kippen die Handgelenke und platzieren die Stange auf der Brust (Bild 2). Das wäre das Umsetzen.
- Aus dieser Position gehen Sie in eine Kniebeuge (Bild 3) und richten sich wieder auf.
- Sobald Sie wieder gerade stehen, stoßen Sie die Hantel in die Höhe (Bild 4).
- Dann nehmen Sie die Arme herunter, gehen in die Hocke, setzen die Hantel kurz auf dem Boden ab und bringen die Hantel sofort wieder hinauf für das nächste Umsetzen.
- Diesen Bewegungsablauf trainieren Sie für 240 Sekunden.

C

Umsetzen/Squat/Ausstoßen
240 Sekunden

141

Workout 1 · Übung 2

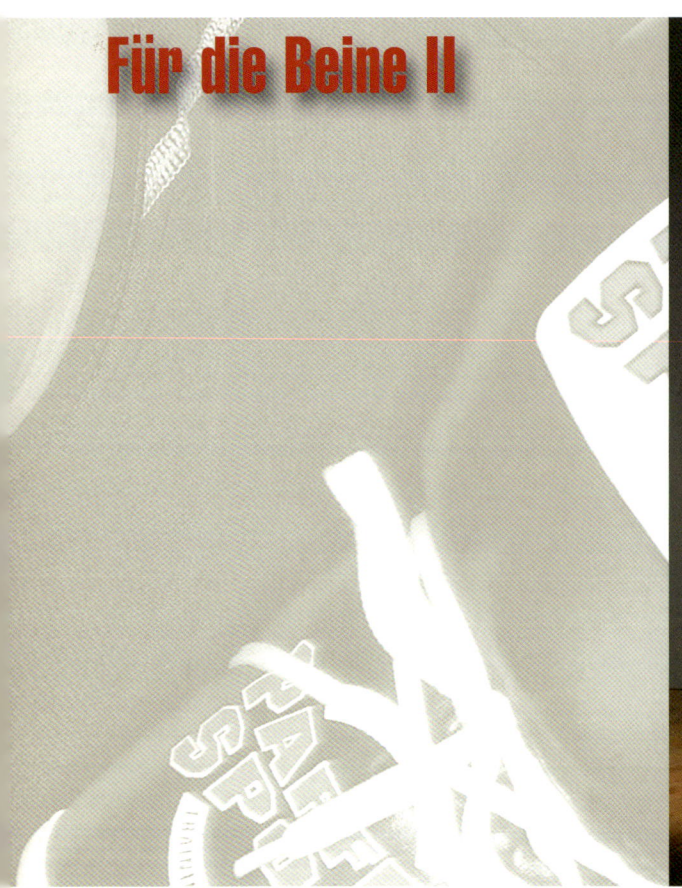

Für die Beine II

- Sie stellen sich gerade hin, in den Händen je ein Kettlebell, die Arme sind nach unten gestreckt.
- Nun machen Sie mit dem linken Bein einen Ausfallschritt nach vorn. In der Bewegung winkeln Sie beide Arme an (Bild 1).
- Auf dem Weg zurück strecken Sie die Arme wieder, und bei dem nächsten Schritt mit dem anderen Fuß winkeln Sie die Arme abermals an.
- Wiederholen Sie diese Übung 180 Sekunden lang.

A

Ausfallschritt mit Kettlebell-Curls
180 Sekunden

B
- Machen Sie abwechselnd Ausfallschritte.
- Diesmal können Sie selbstständig variieren, welche Hand sich mit welchem Fuß bewegt. Sie können z. B. mit dem rechten Fuß vorgehen und dabei den linken Arm anwinkeln (Bild 2). Beim Schritt zurück heben Sie den rechten Arm an.
- Sie müssen die Bewegungen von Armen und Beinen nicht koppeln, doch erleichtern Sie sich damit die Übung. Achten Sie auch auf einen gleichmäßigen Bewegungsablauf.
- Trainieren Sie für 210 Sekunden.

C
- Machen Sie abwechselnd Ausfallschritte, wie in A beschrieben.
- Beim ersten Schritt beugen Sie beide Arme gleichzeitig (Bild 1). Beim Schritt zurück lassen Sie die Arme wieder hängen.
- Beim nächsten Schritt nach vorn strecken Sie einen Arm aus und stemmen das Gewicht nach oben (Bild 3), danach lassen Sie den Arm wieder sinken.
- Wiederholen Sie diesen Wechsel für 240 Sekunden.

Ausfallschritt mit Kettlebell-Curls alternierend
210 Sekunden

Ausfallschritt alternierend mit Kettlebell-Curls und Schulterpresse
240 Sekunden

- Stellen Sie sich gerade hin und legen Sie sich je ein Kettlebell auf die Schultern.
- Dann neigen Sie sich so weit wie möglich erst zur einen Seite und dann zur anderen, und das ununterbrochen.
- Wichtig ist dabei eine stabile und gerade Hüfte, nur der Oberkörper bewegt sich. Auch der Rücken bleibt gerade. Das Kinn können Sie auch zur Brust ziehen, den Blick leicht nach unten geneigt.
- Wiederholen Sie den Rechts-links-Wechsel für 180 Sekunden.

A

Workout 1 · Übung 3

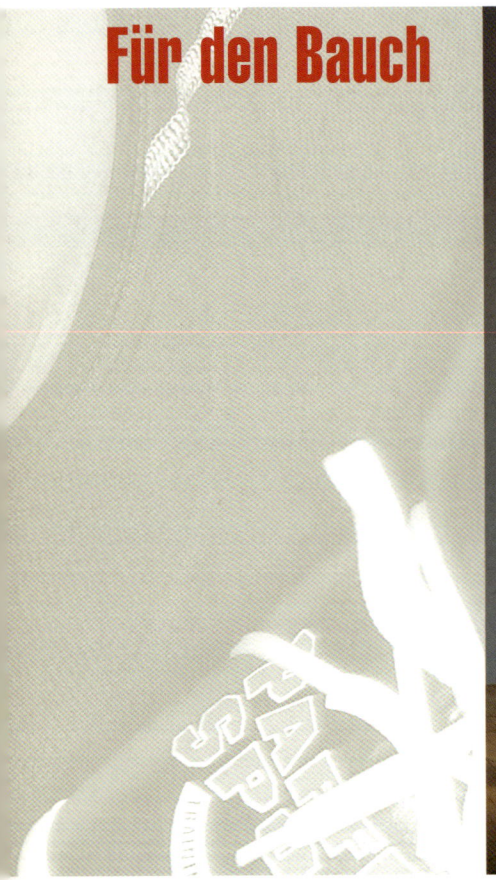

Für den Bauch

Lateralflexion mit Kettlebells
180 Sekunden

B

- Sie liegen auf dem Rücken, die Beine sind angewinkelt.
- Nun strecken Sie die Arme nach oben und halten mit beiden Händen einen Kettlebell über der Brust (Bild 1).
- Aus dieser Position heben Sie den Oberkörper an, das Kinn ist dabei leicht angezogen (Bild 2), und senken ihn wieder.
- Wiederholen Sie die Crunches 210 Sekunden lang.

C

- Sie legen sich wieder auf den Rücken, winkeln die Beine an und heben sie hoch.
- Nun legen Sie die Hände unter den unteren Rücken und heben den Schultergürtel an.
- Dann drücken Sie das Becken so weit hoch, wie Sie können. Diese Position stabilisieren Sie mit den Armen am Boden.
- Anschließend senken Sie die Hüfte wieder zu Boden und heben sie wieder an.
- Diesen Bewegungsablauf wiederholen Sie für 240 Sekunden.

Crunches mit Kettlebell
210 Sekunden

Crunches und Beckenheben
240 Sekunden

Workout 1 · Übung 4

Für den Rücken

- Sie legen sich auf den Bauch, strecken Arme und Beine aus und heben sie zusammen an — für 30 Sekunden (Bild 1).
- Danach heben Sie jeweils den rechten Arm und das linke Bein und den linken Arm und das rechte Bein an (Bild 2) — auch wieder für 30 Sekunden.
- Diesen 30-Sekunden-Wechsel wiederholen Sie für 180 Sekunden.

A

Wippe liegend
180 Sekunden

- Sie liegen mit dem Bauch auf dem Gymnastikball, in den Händen halten Sie jeweils eine Hantel.
- Nun heben Sie den Oberkörper an und strecken die Arme parallel nach vorn aus.
- Dann lassen Sie Oberkörper und Arme langsam wieder sinken und heben sie wieder an.
- Diesen Wechsel wiederholen Sie 210 Sekunden lang.

B

- Sie liegen mit dem Bauch auf dem Gymnastikball, in einer Hand halten Sie eine Hantel.
- Nun heben Sie den Oberkörper an und strecken den Arm mit der Hantel nach vorn aus, während Sie den anderen hängen lassen.
- Dann lassen Sie Oberkörper und Arm wieder sinken, übergeben die Hantel in die andere Hand und strecken nun diesen Arm aus, während Sie den Oberkörper wieder aufrichten.
- Diesen Wechsel wiederholen Sie 240 Sekunden lang.

C

Hyperextensions mit Hanteln
210 Sekunden

Rückenheben mit Hanteln
240 Sekunden

- Sie stellen sich aufrecht hin und nehmen in jede Hand eine Kurzhantel.
- Nun boxen Sie 60 Sekunden in die Luft, immer abwechselnd links/rechts (Bild 1).
- Anschließend folgt das Frontheben für 60 Sekunden: Sie bewegen die gestreckten Arme vor Ihrem Körper abwechselnd auf und ab (Bild 2).
- Danach strecken Sie die Arme zur Seite aus und wiederholen die Auf- und Abbewegung beim Seitheben – auch für 60 Sekunden (Bild 3).

A

Workout 1 · Übung 5

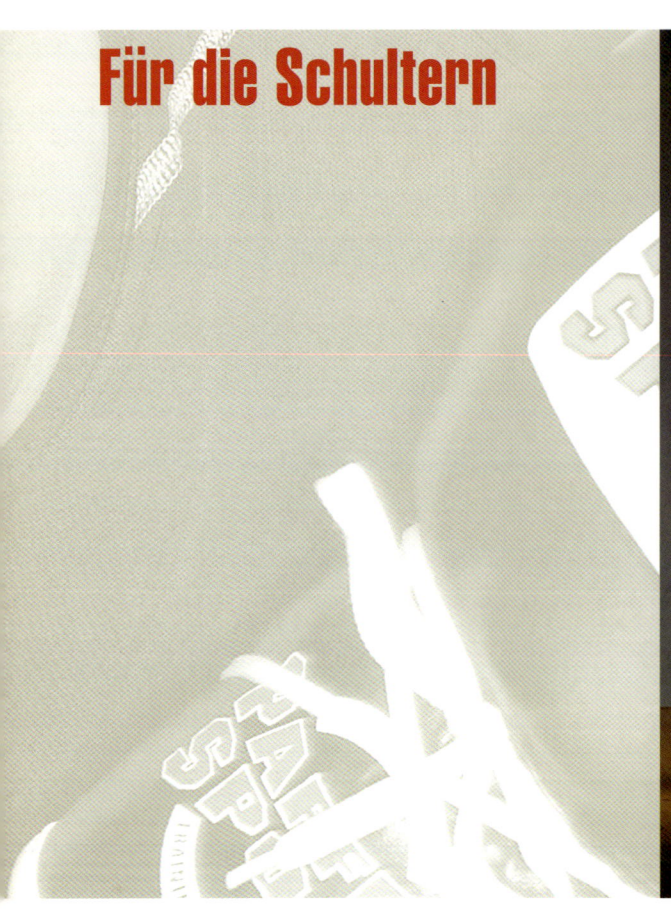

Für die Schultern

Hantelboxen/Front- und Seitheben
180 Sekunden

149

- Sie wiederholen das Boxen (Bild 1), Front- (Bild 2) und Seitheben (Bild 3), wie bei A beschrieben. Ergänzt wird die Übung noch durch das Armkreisen vor dem Körper (Bilder 4 und 5). Für jeden Übungsteil rechnen Sie ca. 53 Sekunden ein.
- Dabei bleiben Sie aber nicht ruhig stehen, sondern laufen auf der Stelle. Achten Sie darauf, in einem gemäßigten Tempo zu laufen, damit Sie die 210 Sekunden durchhalten.

B

Hantelboxen/Front- und Seitheben/Kreisen im Laufen
210 Sekunden · 240 Sekunden

- Trainieren Sie die Übung, wie in B beschrieben — nur 240 Sekunden lang.
- Zusätzlich sprinten Sie jede Minute für 10 Sekunden im Stehen. Diese Intervalle trainieren neben den Skelettmuskeln auch den Herzmuskel und verbessern die Herzfrequenzvariabilität.
- Während des schnellen Laufens oder der Sprints absolvieren Sie das klassische Programm: Boxen (Bild 1), Front- (Bild2), Seitheben (Bild 3) und Armkreisen (Bilder 4 und 5).

C

Workout 1 · Übung 6

Für die Arme

> - Legen Sie sich mit dem Rücken auf den Gymnastikball und strecken Sie für 45 Sekunden abwechselnd die beiden Hanteln in die Luft – das ist das Trizepsdrücken (Bild 1).
> - Nun setzen Sie sich auf den Ball und machen für 45 Sekunden Bizeps-Curls, die Arme heben Sie parallel an (Bild 2).
> - Dann legen Sie sich wieder auf den Rücken, absolvieren die zweite Einheit Trizepsdrücken und danach noch eine Runde Bizeps-Curls – diesmal beugen Sie die Arme abwechselnd.

A

Trizepsdrücken/Bizeps-Curls mit Hanteln
180 Sekunden

B
- Sie liegen auf dem Rücken und drücken die Hanteln für 35 Sekunden abwechselnd in die Höhe (Bild 1).
- Danach nehmen Sie die Hanteln runter auf die Brust, heben sie anschließend mit angewinkelten Armen hinter den Kopf und ziehen sie zurück zur Brust – das sind die Überzüge (Bild 3). Diesen Übungsteil wiederholen Sie ebenfalls für 35 Sekunden.
- Anschließend machen Sie für 35 Sekunden Bizeps-Curls im Sitzen (Bild 2).
- Wiederholen Sie den Zirkel noch 1-mal.

C
- Für die Dips nehmen Sie einen Step. Falls Sie keinen daheim haben, dann verwenden Sie einen Stuhl oder eine Couch als Ersatzstütze und bewegen für 60 Sekunden den Körper auf und nieder (Bild 1).
- Danach greifen Sie sich die Langhantel und heben sie für 60 Sekunden (Bild 2).
- Anschließend wiederholen Sie die beiden Übungen noch 1-mal.

Trizepsdrücken/Überzüge/Bizeps-Curls mit Hanteln
210 Sekunden

Dips am Step/Curls mit Hantel
240 Sekunden

Workout 2

Mir schlägt die Stunde der Wahrheit, wenn ich im Sparring zwölf Runden durchstehe. Wirklich alle fiebern dieser letzten Prüfung vor dem Kampf entgegen, die Generalprobe ist eine Gratwanderung: Auf der einen Seite gut fürs Ego und der finale Fitnesstest, andererseits höllisch gefährlich, denn die Gefahr einer Verletzung besteht immer, z. B. weil man ungünstig getroffen wird und trotz Kopfschutz eine Schramme abbekommt. Oder selbst unachtsam in die Luft boxt und sich eine Zerrung holt. Denn diese Schläge in die Luft, das sind die schlimmsten – sie bringen einen aus dem Gleichgewicht und reißen ein riesiges Loch in die Deckung.

Wie ist das bei Ihnen, können Sie sich auch wehtun? Die Antwortet lautet: Jein. Wenn Sie wirklich das beherzigen, was ich Ihnen bisher erzählt habe, dann nein. Wenn Sie jedoch »wie ein wilder Stier« loslegen und nur mäßig mit Sinn und Verstand draufhauen, dann garantiere ich für nichts. Kontrolle ist eben wichtig, und Gefühle sollten einen im Ring nicht zu sehr in Versuchung führen. Das klingt vielleicht ein wenig unsexy, das ist aber das zentrale Ziel allen Übens – vor allem beim CHAMP. Denn nun ändert sich die Funktion des Sandsacks gewaltig: War er bisher ein wehrloser Prügelknabe, ist er ab heute der Gegner, ein ziemlich schwerer

Brocken und zäh zugleich. Und Sie haben die große Aufgabe, ihn von allen Seiten zu bearbeiten. Mein Boxtrainer Michael Timm legt größten Wert darauf, dass aus jeder Situation geschlagen wird, damit dem Gegner von Anfang an klar ist, dass er sich keine Blöße geben darf. Denn nichts ist ärgerlicher und oft auch verheerender im Ring, als ausgekontert zu werden. Um aber so flexibel schlagen zu können, müssen Sie extrem beweglich sein, schnell – und auch Instinkt und Intuition zulassen.

Bis zum WINNER war die Konfrontation recht frontal und etwas einseitig zu Ihren Gunsten, jetzt gewinnt die Begegnung an Dynamik, und die Fäuste fliegen von allen Seiten. Das bedeutet: Sie müssen sich bewegen. Nicht nur kraftvoll draufhauen, sondern auch ganz fix wieder abhauen und niemals die Deckung fallen lassen. Sonst endet die schönste Kombination im Desaster. Schöner schlagen passte perfekt zum WINNER, doch der CHAMP muss mächtig aufpassen, dass er nicht getroffen wird, und ganz besonders in den letzten Runden steigt das Risiko. Darum weichen Sie dem schwingenden Sandsack aus, bleiben locker auf den Füßen und immer in Bewegung. Doch auch aus der Ausweichbewegung greifen Sie wieder an mit einer Kombi von drei oder vier Schlägen: linke Gerade zum Körper, linke Gerade zum Kopf, rechte Gerade zum Kopf, linke Gerade zum Körper, dann wieder volle Deckung und kurz auf Distanz bleiben. Wirkt der Angriff, dann natürlich gleich nachsetzen und wieder ran an den Mann: linken Haken zum Körper oder linken Haken zum Kopf und – sofort die rechte Gerade hinterher.

Sie werden merken: Wenn die Bewegungen verinnerlicht sind, stellt sich Sicherheit ein. Das meine ich auch mit Intuition – ich denke nicht mehr darüber nach, was als Nächstes kommt, welche Kombi am besten passt, das koordiniert mittlerweile das Unterbewusstsein von ganz allein. So ist es in jedem gelernten Sport, und so soll es auch sein beim Fitnessboxen.

Workout 2

Boxen am Sandsack im freien Training

- Sie dürfen machen, was Sie wollen. Hauptsache, die Arme bleiben oben. Sie spüren selbst, wie schwer die Arme mit der Zeit werden und wie langsam dazu. Auch wenn der Boxsack ein sehr dankbarer Gegner ist – die Deckung muss immer passen.
- Versuchen Sie sich erst einmal im alten Amateurmodus: Sie boxen 4-mal 2 Minuten und zwischen den Runden pausieren Sie jeweils für 1 Minute.
- Wenn das klappt, dann gönnen Sie sich die 3-mal die 3-minütige Runde und machen richtig Druck. Dazwischen jeweils 1 Minute Pause.

Fight

Was Sie eben im Workout 2 am Sandsack begonnen haben, setzen Sie nun fort. Freies Training beim Schattenboxen, einzig und allein limitiert durch die Zeit, sprich Übungsdauer.

Gerade beim Boxen ist die Beweglichkeit extrem wichtig: Locker sein in der Hüfte und unverkrampft in den Schultern – darin besteht die Kunst, mobil zu sein in alle Richtungen. Sicherlich verbessert ein regelmäßig praktiziertes Dehnprogramm die Fitness, doch es ist eben sehr linear. Das Schattenboxen dagegen punktet durch das hohe Maß an Mobilität und Agilität. Dazu zählen auch Ausweichen oder Abducken, genauso wie das Antäuschen, kleinste Bewegungen auf engstem Raum. Das ist eine tolle Sache und lässt sich zudem überall üben; Sie brauchen dafür nur den Spaß an der Bewegung.

Für mich ist Schattenboxen das Natürlichste der Welt, und dazu muss ich immer wieder meine Reflexe testen. Wie der legendäre Comic-Held Lucky Luke, der ja bekanntlich schneller schießt als sein Schatten. Außerdem suggeriert es auf lockere Art den Ernst der Situation beim Kampf im Ring. Flinke Füße und flotte Hände verbrennen dazu noch Kalorien ohne Ende. Flink und flott – so sollte das Schattenboxen aussehen, doch nach so vielen Wochen Training sind Sie ohnehin schon wahnsinnig nah dran, ein waschechter CHAMP eben.

- Schattenboxen im freien Training: Sie greifen an, weichen aus und wanken nie – auf flotten Füßen bleiben Sie in der Balance.
- Das Ganze in 3 Runden zu je 3 oder auch 4 Minuten. Dazwischen machen Sie jeweils 1 Minute Pause.

Schattenboxen im freien Training

Cool-down

Da Sie nun so schön locker in den Gliedern sind, machen wir gleich weiter mit einer Kombination aus Dehnung und Atemtechnik. Diese hier vorgestellten Yogavarianten sind etwas anspruchsvoller als die vorherigen auf Seite 106f., und das werden Sie sofort merken, wenn Sie in Position gehen.

Womit wir wieder beim Atmen, oder genauer gesagt, beim bewussten Ausatmen wären. Um richtig viel Energie zu tanken in Form von Sauerstoff, sollten Sie jeden Morgen Ihre Lunge richtig auffüllen, und das geht am besten, wenn Sie anfangs für 20 bis 30 Atemzüge kurz und heftig ausatmen, die Luft förmlich ausstoßen. Die neue kommt automatisch nach, doch auch die wird sofort wieder rausgepustet – ein Hauch von vorsätzlichem Hyperventilieren. Gleich nach dem Aufstehen kräftigen Sie so Ihre Bauchmuskeln, Ihr Zwerchfell und geben Ihrem Körper genau das, was er am meisten braucht. Diese kleine Hechelei können Sie sich natürlich auch zu späterer Stunde gönnen oder wann immer Sie das Gefühl haben, dass Sie frische Energie brauchen.

Das Ausatmen im Ring können Sie, ganz nach Gefühl langsam machen – oder explosiv. Wenn die Fäuste fliegen, entweicht auch der Atem – so gewinnt der Schlag seine Kraft zusätzlich aus dem Weg der Luft.

- Sie gehen in einen tiefen Ausfallschritt, das linke Bein ist angewinkelt und das rechte nach hinten gestreckt.
- Mit der rechten Hand stützen Sie sich auf dem Boden ab und strecken den linken Arm nach oben, die Augen schauen hinauf zur Hand. Der Oberkörper dreht sich so weit wie möglich mit, damit der Arm auch wirklich hochkommt.
- In dieser Position atmen Sie für 30 Sekunden ruhig ein und aus.
- Dann wiederholen Sie die Übung auf der anderen Seite auch für 30 Sekunden.

- Sie bleiben auf Kniehöhe, das linke Bein ist angewinkelt, das rechte Bein kniet.
- Den rechten Unterarm legen Sie auf den linken Oberschenkel. Ellenbogen trifft Knie – und das geht am besten, wenn Sie dabei über die linke Schulter zurückschauen.
- Diese Position halten Sie für 30 Sekunden und atmen ruhig ein und aus.
- Dann wiederholen Sie die Übung auf der anderen Seite auch für 30 Sekunden.

Die Dreieckübung

Der gedrehte Held

RUNDE 10
ERNÄHRUNG

Obst und Gemüse sind die besten Pillen

In den Ernährungskapiteln von ROOKIE und WINNER haben Sie einiges erfahren über die Bestandteile der Nahrung und die Bedürfnisse des Körpers. Das war sozusagen die reine Lehre. Leider sieht die reale Lebensmittelpraxis etwas anders aus: Vielen der sogenannten Lebensmittel fehlt schlicht das Leben. Ewig lange Reisen in Kühlcontainern, ausgelaugte Böden, im Eiltempo gemästete Tiere – da können Geschmack und Naturbelassenheit schon mal auf der Strecke bleiben. Aber unser Obst und Gemüse ist z. B. besser, als oft behauptet wird. Wer gesund ist und sich ausgewogen und abwechslungsreich ernährt, braucht eigentlich keine Mangelerscheinungen zu befürchten. Die Nahrungsergänzungshersteller verbreiten oft das Märchen von den nährstoffarmen Lebensmitteln, und dieses Gerücht hält sich hartnäckig, stimmt aber nicht. Einen extremen Mangel könnte die Pflanze selbst gar nicht überleben, da sie die Nährstoffe genauso braucht wie der Mensch. Auch wenn das meiste Obst und Gemüse heute aus intensiver Landwirtschaft stammen, ist der Nährstoffgehalt noch genauso hoch wie vor 50 Jahren.

Pillen – für mich, nicht für Sie!
Bei einer ausgewogenen Lebensmittelauswahl mit ausreichender Energiezufuhr deckt

Spezialmischungen vor dem Kampf – damit es dann richtig gut läuft.

man deshalb als Freizeitsportler relativ einfach seinen Bedarf an Nährstoffen. Die Zufuhr von Nahrungsergänzungen ist meist überflüssig.

Im Leistungssport ist die Zufuhr von Supplements jedoch durchaus sinnvoll – vor allem in meiner Situation. Wie bereits erwähnt, muss ich mein Gewicht während der Vorbereitung kontinuierlich um insgesamt zehn Kilo reduzieren und dabei immer mehr und auch härter trainieren. Dabei ist entscheidend, dass ich trotz Gewichtsreduktion ausreichend Nährstoffe zuführe, die meine Muskelmasse schützen und erhalten. In den letzten Tagen vor dem Kampf schlucke ich an die 100 Pillen: verschiedene Pulvermischungen und spezielle Lösungen, die Clive speziell anhand von Blutanalysen, Urintests und Haar-Mineral-Analysen für mich zusammenstellt. Da kommt alles zusammen: Stresshormone werden geblockt, die Pufferkapazität des Blutes verbessert, das Immunsystem gestärkt usw.

Das ist eine Wissenschaft für sich, die wir in jeder Vorbereitung reflektierend verändern. Jede Woche habe ich eine fixe Gewichtsvorgabe; dann muss ich beispielsweise von 77,8 Kilo runterkommen auf 76,5. Wir nennen das »die 76,5 ankratzen«, denn an der Tendenz, wie schnell mir dies gelingt, erkennen wir, was zu tun ist.

Die Vorbereitung war perfekt, ich weiß, worauf ich mich im Ring verlassen kann – ein blendendes Gefühl!

Das Feintuning

Dies zehrt natürlich an den Kräften, und jeder Sportler kennt den »Open Window Effekt«: Nach dem harten Training ist der Körper anfangs geschwächt und für viele Bakterien und Viren förmlich ein gefundenes Fressen. Deshalb rennen auch so viele Athleten kurz vor dem Wettkampf mit einem Infekt durch die Gegend oder sagen ihre Teilnahme ab, weil das extreme Gewichtmachen ihre letzten Kräfte geraubt hat. Es gilt so vieles zu berücksichtigen. Clive vergleicht diesen Teil unserer Arbeit gern mit der eines Mechanikers im Formel-1-Team. Da wird an vielen verschiedenen Schrauben ein wenig gedreht, bis die Feinabstimmung passt. Wir wollen in einer Vorbereitung alles, was wir steuern können, auch selbst beeinflussen und arbeiten jeden Tag mit voller Konzentration. Im Ring kann alles passieren, aber es gibt mir diese enorme Kraft und Genugtuung, wenn ich vorher wirklich alles gegeben habe. Wie der Wettkampf auch ausgeht – du gewinnst nicht am Abend der Veranstaltung, sondern in den zwölf Wochen vorher.

Wenn ich in den Ring klettere, muss ich mir null Sorgen machen, weil ich einfach weiß, die Vorbereitung ist perfekt gelaufen. Die Sicherheit nimmt dir keiner, da kann der andere noch so loslegen; ich aber weiß, worauf ich mich verlassen kann. Bis dorthin

Stichwort oxidativer Stress

Wer intensiv trainiert, wie Sie mittlerweile, dessen Körper produziert viele freie Radikale – und die wiederum greifen die Zellen an. Ein Schutz dagegen sind die antioxidativen Vitamine (A, C, E, Beta-Karotin). Ein Mangel an diesen Vitaminen erhöht u. a. das Arteriosklerose- und Krebsrisiko. Sportler mit einem Risiko für so einen Mangel sind solche mit einem fett- oder kohlenhydratreduzierten Speiseplan – und sie essen einfach zu wenig frisches Obst und Gemüse.

Bevor Sie jetzt zu Nahrungsergänzungen in Form von antioxidativen Vitaminen greifen, bleiben Sie also besser bei viel Obst und Gemüse jeden Tag, möglichst in allen Farben kombiniert. Zum Schutz vor oxidativem Stress ist dieses tägliche »Supplement« in seiner Komplexität nicht zu toppen. Zudem ersetzen Sie damit die über den Schweiß verlorenen Elektrolyte, die Ihre Energieleistung beim Training erst möglich machen.

---

ist der Weg allerdings ein weiter, und es gibt Sachen, die sind völlig skurril: In den letzten Tagen vor dem Kampf trinke ich je nach Gewicht manchmal zwischen sechs und zehn Litern Wasser. Das macht keinen Spaß, ich renne ständig aufs Klo – was ich oben reinschütte, das bringe ich sozusagen gleich wieder weg. Aber es muss sein. Ich bin dann nur noch froh, wenn es endlich losgeht mit dem Kampf.

Essen wie ein Weltmeister

Früher wurden meine Mahlzeiten in der letzten Woche immer kleiner oder fielen ganz aus, weil ich in wenigen Tagen manchmal vier bis fünf Kilo Gewicht verlieren musste. Seitdem ich mit Clive arbeite, habe ich mein Kampfgewicht schon sieben bis zehn Tage vor dem offiziellen Wiegen, esse dann die letzte Woche jeden Tag mehr und nehme dabei auch noch immer weiter ab – das ist echt Wahnsinn.

Aber ab einem gewissen Punkt besteht der Tag nur noch aus Déjà-vus: aufstehen, wiegen, essen, trainieren, essen, trainieren, wiegen, schlafen. Und unsere intellektuell äußerst anregende Konversation dreht sich dabei meist um Brokkoli, Fisch, Rind und die guten alten Kohlenhydrate. Dabei mutieren wahre »Lebensmittelsehnsüchte« wie Schokolade oder Eis zum Running Gag – wer es zuerst sagt, der hat verloren.

RUNDE 11
REGENERATION

Eis – Heiler und Fitmacher

Was hilft bei Verletzungen? Eis. Das ist die Antwort auf die Frage, was bei diversen Sportverletzungen wirklich hilft. Eis ist wahrscheinlich neben Wärme eines der ältesten Heilmittel der Welt. Wenn ein Boxer viel abbekommt und gezeichnet von Blessuren den Ring verlässt, dann wundern sich viele, dass nach ein paar Tagen kaum noch eine Schramme zu sehen ist. Das verdanken die Mädels und Jungs allein dem Eis.

Die Anwendung ist ganz simpel: Eine gehörige Menge Eiswürfel in einen Plastikbeutel geben, dann noch ein möglichst dünnes Handtuch darumwickeln und den Beutel konsequent auf die geschwollenen Stellen pressen. Aber nicht nur für fünf Minuten, sondern bei Bedarf über Stunden. Das macht nicht unbedingt Spaß, dafür lindert es sofort den Schmerz, weil die Nervenrezeptoren praktisch auf Eis gelegt sind. Ich kann ein Lied davon singen, und Eis ist seit vielen Jahren einer meiner besten Freunde.

Eisige Wohltat

Das Tollste sind die Eisbäder: Bis zum Bauchnabel klettere ich in die wahnsinnskalte Wanne. Die Blutgefäße ziehen sich zusammen, alles piekt – wirklich die Hardcorevariante der Kneippkur. Natürlich mache ich das nur für eine ganz kurze Zeit, dann schnell wieder raus aus der Wanne, und es wird einem sofort

Wenn ein Kampf seine Spuren hinterlässt, hilft zuverlässig mein guter Kumpel Eis.

wohlig warm. Die Adern weiten sich wieder, das Blut schießt hindurch, und der Körper wird richtig heiß. Was eben nur daran liegt, dass sich die Gefäße weiten. Diesen Effekt hatte ich Ihnen ja schon beim autogenen Training vorgestellt, wo Sie mit Selbstsuggestion den Blutfluss regelten (siehe Seite 115).

Wechselduschen

Die Kalt-Warm-Nummer können Sie wunderbar im eigenen Badezimmer nachmachen: dazu ganz einfach regelmäßig wechselduschen. Die Temperaturunterschiede trainieren das Immunsystem und halten die Blutgefäße elastisch; das verlangsamt auch den Alterungsprozess.

Wie jung sind Sie?

Wissen Sie eigentlich Bescheid über Ihr biologisches Alter? Das ist eine interessante Größe, die Aufschluss über das Fitnesslevel Ihres Körpers geben kann. So bin ich z. B. vor meinem Training biologisch 25 Jahre jung; in meinem Pass aber ist mein Geburtsjahr mit 1979 angegeben. Rechnen Sie bitte selbst ... Die Freude darüber hält aber nur kurz an, denn nach dem Training bin ich mal eben um 15 Jahre gealtert. Ist das krass? Aber ich bin Boxprofi – Ihnen als Fitnessboxer geht es da anders. Im Internet finden Sie Tests zum Thema biologisches Alter – Sie werden sehen, dass Fitnessboxen Ihr Alter schon nach unten korrigiert hat.

RUNDE 12
PSYCHE

Aus Schwächen Stärken machen

Applaus! Sie sind ein echter CHAMP! Denn Sie haben Willen bewiesen, weil Sie so weit gekommen sind. Und davor habe ich großen Respekt: Trauten Sie sich doch als ROOKIE etwas ganz Neues, blieben dann auch beim WINNER tapfer dabei und schmissen nicht hin, trotz der vielleicht einen oder anderen mauen Phase. Sie haben durchgehalten, weitergemacht – und jetzt stehen Sie als CHAMP da. Das war Ihre Entscheidung, und nur Sie haben das geschafft!

Den Titel verteidigen
Und was kommt als Nächstes? Vielleicht beginnt gerade jetzt die wirklich anstrengende Phase, denn nun müssen oder dürfen Sie Ihren Triumph verteidigen. Ich kann mich auch noch steigern und im Mittelgewicht der Champion der Champions werden – schließlich gibt es vier Weltverbände mit vier Weltmeistern im Mittelgewicht. Das ist mein erklärtes Ziel, mein Wunsch und Traum: einmal ganz oben auf dem Box-Olymp zu thronen. Welchen Nutzen außer Fitness ziehen Sie aus dem bisher Geleisteten? Sie kennen sich nun besser. Sie können realistisch einschätzen, was geht und was nicht, und wenn es eine Durststrecke gab, dann haben Sie sie überwunden. Das allein ist schon großer Sport. Im Kampf gibt es Momente, da tut es nur noch weh, Schmerzen bestim-

men das Geschehen, und eine Stimme flüstert ständig: »Aufhören, aufhören, aufhören!« Bestimmt ist das nicht die schlechteste Stimme, vielleicht will sie nur Ihr Bestes – aber sie bekommt es nicht. Und das ist gut so!
Ich hatte es schon zu Beginn erwähnt: Wegrennen gilt nicht. Wir haben zwar diesen Überlebensinstinkt, aber es ist eben nicht immer klug, ihm nachzugeben. Das ist die eine Sache, die Sie in den vergangenen Wochen und Monaten gelernt haben, sich hart erkämpft haben.

Noch stärker werden

Doch bevor ich Ihnen im Finale nur noch erzähle, was für ein toller Typ Sie sind, weil Sie es zum CHAMP geschafft haben, bitte ich Sie ein letztes Mal um Ihre volle Aufmerksamkeit für eine wirklich wichtige Durchsage: Decken Sie Ihre Schwächen auf und managen Sie sie.
Michael Timm und Clive Salz kennen da kein Pardon bei mir. Sie wissen ganz genau, was mir weniger liegt, und damit decken sie mich im Training ein. Was helfen einem Menschen, die keine echte Kritik üben und mir nur schmeicheln wollen? Am Ende lasse ich mich von den schönen Worten einnebeln und hebe ab. Das ist einigen in der Branche passiert – und plötzlich waren sie weg vom Fenster.
Ich muss und will mir einfach immer überlegen, was ich beim nächsten Mal besser machen kann – und das setze ich dann Schritt für Schritt in die Tat um.

Wie heißt Ihr Ziel, was wollen Sie erreichen?

Das habe ich Sie beim ROOKIE gefragt. Jetzt frage ich Sie: Wie heißt Ihr Ziel, was haben Sie schon erreicht, was wollen Sie weiter erreichen? Reflektieren Sie das Vergangene genau – und starten Sie dann von vorn. Diesmal liegt der Fokus allerdings auf den Übungen, die Ihnen bisher weniger Freude gemacht haben, lästig waren oder nervten – trainieren Sie Ihre Schwächen, damit aus ihnen Stärken werden. Halten Sie dem Fitnessboxen die Treue, es gibt einfach kein besseres Training!

FELIX

STURM

NÜTZLICHES IM NETZ

Hier werden Fitnessboxer fündig

Wo Sie online so ziemlich alles an Ausrüstung bekommen
- www.paffen-sport.de (Ausrüster der deutschen Amateurboxer und diverser Profis)
- www.sport-tiedje.de (Sportartikel-Fachhandel)
- www.w-o-w.de (Sportartikel-Fachhandel)
- www.everlast.com (amerikanische Urboxmarke und Kult im Ring)

Wo Felix Sturm sportlich und semiprivat zu Hause ist
- www.felixsturm.de (die öffentliche und offizielle Seite von Felix)
- www.boxing.de (Boxstall Universum in Hamburg)
- www.bodyshop-koeln.de (das Trainingszentrum oder »Gym« in Köln)
- www.fettabbau.de (das PLUS ONE Institut gleich neben dem »Gym«)
- www.dhfpg.de (Deutsche Hochschule für Prävention und Gesundheitsmanagement)

Wo Sie online noch mehr über Ihren neuen Sport erfahren und intensiv üben können
- www.zdf.de (der öffentlich-rechtliche Sender zeigt die Titelkämpfe von Felix Sturm)
- www.sport1.de (Sportportal mit unabhängigen Informationen zum Boxen)

- www.thering-online.com (legendäres Boxmagazin aus den USA – Pflichtlektüre I)
- www.box-sport.de (Boxmagazin aus Deutschland – Pflichtlektüre II)
- www.boxverband.de (Deutscher Amateurboxverband)
- www.boxen-bdb.de (Bund der Berufsboxer – für ambitionierte Talente)

Persönlich getestete Anbieter von Fitness-/Frauen-/Managerboxen

- www.bodyshop-koeln.de (da geht's gut zur Sache)
- www.maylifeboxclub.de (Managerboxen in Köln)
- www.dr-kai-hoffmann.de (der Trainer Dr. Kai Hoffmann in Frankfurt/M.)
- www.gleasongyms.com (der Klassiker unter den amerikanischen Gyms – offen für jeden in New York-Brooklyn)
- www.kronkgym.com (das soziale Boxprojekt in Detroit und London von Trainer Emanuel Stewart)
- www.therealfightclub.co.uk (feinstes Dinner-Boxing made in London mit eigenem Gym)
- www.bc-vorwaerts.de (Traditionsverein im Herzen von Bielefeld)
- www.hbc-heros.de (liebenswerter Verein in Hamburg-Eimsbüttel)
- www.bc-barracuda.de (muntere Truppe unter dem Dach von Hamburgs Kultclub St. Pauli)

REGISTER

Alter, biologisches 167

Bälle fürs Training 34, 130, 132
Bekleidung 33
Beweglichkeit 20, 23f., 30, 106, 158
Bodybuilding 5, 22
Body-Mass-Index (BMI) 25f.
Boxen
- Tugenden 8ff.
- Vorbereitungszeit 5, 12f., 20, 26

CHAMP 20ff., 26, 34, 75, 121, 127f., 134, 154f., 158, 168f.
Cool-down
20, 45, 66, 85, 106f., 160f.

Dehnübungen/-programm 106f., 158
Diagonalgang 102ff.

Eigenmassage 45, 66f.
Eis, Behandlung mit 166f.
Eiweiß (Protein) 108ff., 113f.
EKG (Elektrokardiogramm) 27, 29, 69
Entspannen, heißes 116
Ernährung 5, 15, 21f., 26, 41, 68ff., 81, 108ff., 112f., 162ff.

Fett 31, 108ff., 111, 112ff.
Fettabbau 23, 71ff.
Fight 45, 62, 64, 85, 102, 104, 135, 158
Fitness als Ziel 18f., 24, 74f., 119
Flüssigkeitszufuhr 28, 41, 68ff., 112, 165
Frauen und Fitnessboxen 24
Frauenboxen 76f.

Gemüse 69, 110, 112ff., 162, 165
Grundlagenausdauer 28f., 82, 110, 130
Grundstellung 58f., 98, 100, 102
Grundumsatz 108

Halmich, Regina 76f.
Handschuhe/Bandagen 35f., 77, 79, 124

Hanteln 20, 34, 35, 45, 54ff., 85, 87ff., 91, 94ff., 130, 134f., 140, 147ff., 152f.
Herzfrequenz 27ff., 32, 66, 82, 130f., 151
Hyperventilieren 160

Immunsystem 29, 73, 163, 167
Intervalltraining 28, 130f.

Kampfgewicht, maximales 26
Kettlebells 34f., 134f., 138f., 142ff.
Kohlenhydrate (Glukose/Zucker) 108ff., 112f., 165
Koordination 23f., 30, 32, 62, 102
Körperspannung 58, 99
Kortisol 72
Kraft-/Ausdauerübungen 20, 110

Lawrence, David 122ff.

Mineralien 69
Mitochondrien 31, 72
Muskulatur 20ff., 25ff., 28, 30ff., 44, 46, 49, 52, 61, 67, 72, 75, 110
Musterernährungsplan 112

Obst 69f., 109, 111, 113f., 162, 165

PLUS ONE Institut 15, 28
Psyche 21f., 74f., 81, 118ff., 127, 168f.
Pulsuhr 27, 29

Regeneration 21f., 30ff., 66, 71ff., 81, 115ff., 130f., 166f.
ROOKIE 20f., 34, 41ff., 81, 84, 162, 168f.

Salz, Clive, Konditionstrainer 5, 14f., 20f., 25f., 28, 44, 99, 108, 111, 130f., 163ff., 169
Sandsack 7, 27, 35, 36f., 76, 78, 99, 135, 154ff., 158
Schattenboxen 20, 24, 37, 59, 62, 120f., 127, 130, 135, 158f.

Schlaf 23, 71ff., 115f.
Schlagschule 20
Schnelligkeit 24, 30, 62, 132, 155
Seitwärts-/Aufwärtshaken 98ff.
Springseil 6f., 19, 27ff., 33, 42, 74, 79, 82f., 119, 130, 132
Spurenelemente 69
Stress 19, 21, 28f., 32, 72, 74, 117, 165
Sturm, Felix
- die Trainer 14f.
- Sieg und Niederlagen 6ff.
- Übungsplan 129f.
- Weltmeistertitel 4, 8ff., 13
Superkompensation 31f., 73
Supplements 112, 163

Taillenumfang 26f.
Timm, Michael, Boxtrainer 5, 14f., 21, 30, 62, 102, 155, 169
Trainingsbereich 37

Übungspläne 45, 85, 129, 135
Übungszeiten 21

Verletzungen 154f., 166
Vitamine 70, 165

Warm-up 20, 42, 45, 81f., 85, 127, 130, 132f., 135
Wasser 68f., 112
Wechselduschen 167
White-Collar-Boxing 122ff.
WINNER 20f., 62, 81ff., 121, 155, 162, 168
Workouts
- 30-Sekunden-Rhythmus 20
- CHAMP 134ff.
- Nachbrenneffekt 23, 73
- ROOKIE 44ff., 58ff.
- WINNER 84ff.

Zirkeltraining 20
Zucker 69, 109f.

IMPRESSUM

© 2009 by Südwest Verlag,
einem Unternehmen der Verlagsgruppe
Random House GmbH, 81673 München

Redaktionsleitung:
Silke Kirsch

Projektleitung und Redaktion:
Esther Szolnoki

Redaktion:
Nicola von Otto, München

Umschlaggestaltung,
Layout und Satz:
Eva M. Salzgeber, Neubeuern
unter Verwendung der Fotos
von Nicolas Olonetzky

Leitung der Fotoproduktion
und Bildredaktion:
Sabine Kestler

Korrektorat:
Susanne Langer, Traunstein
Susanne Schneider, München

Bildnachweis:
Fotografie: Nicolas Olonetzky
Assistenz: Norbert Sillner
Haare/Make up: Simone Kostian und
Arno Humer
Styling: Susa Lichtenstein

Mit Ausnahme von:
Becker Stefan, Innsbruck: 76–79, 109, 122–125; Moga Veronika, München: 35; Picture alliance, Frankfurt: 16/17 (Anke Fleig/Sven Simon), Systemed Verlag: 114

Danksagungen:
Für die freundliche Unterstützung der Fotoproduktion danken wir:
Bodyshop Köln Fitness & Dance Center;
www.paffen-sport.de;
www.world-of-wellness.de;
Sport Scheck, München

Litho:
Lorenz & Zeller, Inning a.A.

Druck und Verarbeitung:
Těšínská tiskárna, Český Těšín

Printed in the Czech Republic

Mix
Produktgruppe aus vorbildlich
bewirtschafteten Wäldern, kontrollierten
Herkünften und Recyclingholz oder -fasern
www.fsc.org Zert.-Nr. SGS-COC-004278
© 1996 Forest Stewardship Council

Verlagsgruppe Random House FSC-DEU-0100

Das für dieses Buch verwendete FSC-zertifizierte Papier Profisilk wurde produziert von Sappi Alfeld und geliefert durch die IGEPA

Alle Rechte vorbehalten. Vollständige oder auszugsweise Reproduktion, gleich welcher Form (Fotokopie, Mikrofilm, elektronische Datenverarbeitung oder durch andere Verfahren), Vervielfältigung, Weitergabe von Vervielfältigungen nur mit schriftlicher Genehmigung des Verlags.

Hinweis: Das vorliegende Buch ist sorgfältig erarbeitet worden. Dennoch erfolgen alle Angaben ohne Gewähr. Weder Autoren noch Verlag können für eventuelle Nachteile oder Schäden, die aus den im Buch gegebenen Hinweisen resultieren, eine Haftung übernehmen.

ISBN 978-3-517-08490-9

817 2635 4453 6271

Auf die Plätze,
fertig, los …
Expertenrat für Fitness und Sport
villavitalia.de
Mein Ratgeberportal – villavitalia.de

LEISTUNGSZENTRUM FÜR SPORT UND ERNÄHRUNG

„Um 100% geben zu können bedarf es eines professionellen Teams. PLUS ONE verbindet die höchste Kompetenz der Ernährungsplanung und Trainingssteuerung mit einem eigens entwickelten Sportprogramm, das seinesgleichen sucht."

Zitat: Felix Sturm

„Wir garantieren maximalen Erfolg bei maximaler Qualität"

www.plus-one.de
Telefon: 0221 - 376 22 79

- Haar Mineral Analyse
- Freie Radikale Test aus Vollblut
- Urintest zur ph-Wert Bestimmung
- Spektralanalyse
- Herzfrequenzvariabilität
- Energiebilanz Monotoring
- Muskelfunktionsdiagnostik
- 3D Wirbelsäulenscreening
- Trainingssteuerung
- Ernährungssteuerung

PLUS ONE
LEISTUNGSZENTRUM FÜR SPORT UND ERNÄHRUNG